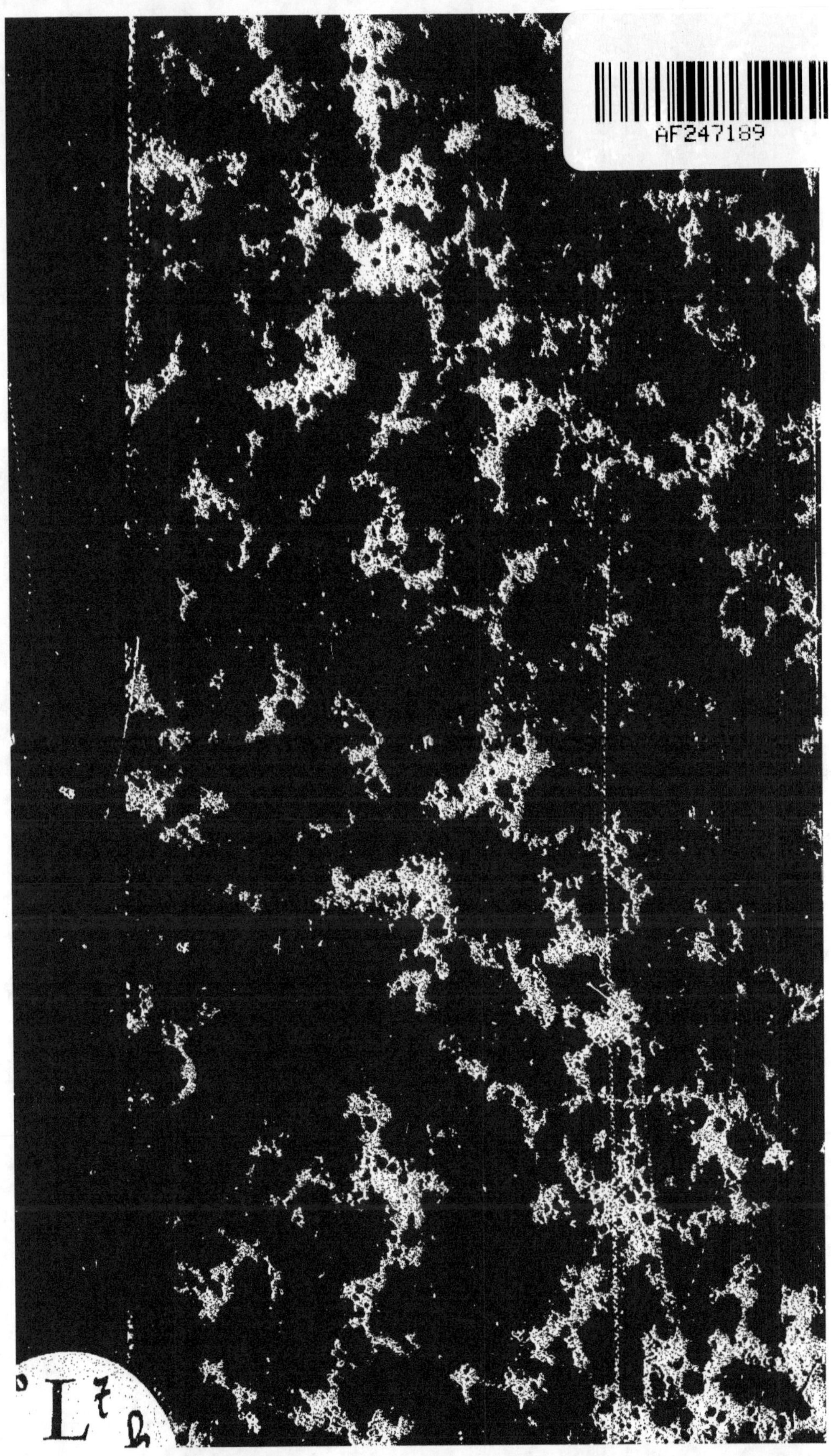
AF247189

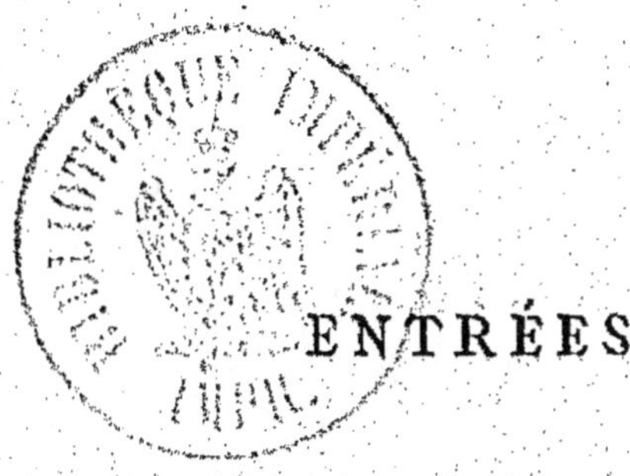

ENTRÉES

ROYALES ET PRINCIÈRES

DANS AMIENS

ENTRÉES

ROYALES ET PRINCIÈRES

DANS AMIENS

PENDANT LES 15ᵉ & 16ᵉ SIÈCLES

AUGMENTÉES

DE QUELQUES FAITS INÉDITS

RELATIFS A L'HISTOIRE DE CETTE VILLE

Par A. DUBOIS

CHEF DE BUREAU A LA MAIRIE D'AMIENS

Membre correspondant de la Société d'Émulation d'Abbeville, de
la Société d'Archéologie, Sciences & Arts de Seine-&-Marne
de la Société des Antiquaires de l'Ouest & de la
Société des Antiquaires de Picardie

AMIENS

TYPOGRAPHIE LAMBERT-CARON

PLACE DU GRAND-MARCHÉ

1868

PRÉFACE

Depuis plusieurs années j'avais promis aux personnes qui veulent bien accorder quelqu'intérêt à mes travaux de raconter les passages des personnages marquants à Amiens pendant les XVᵉ et XVIᵉ siècles. L'année calamiteuse que nous avons traversée en 1866 est seule cause du retard apporté dans cette publication.

De meilleurs jours ont lui et je viens aujourd'hui remplir ma promesse ; j'ai dû intercaler dans mon travail des extraits inédits des archives locales, afin de faire ressortir des faits qui ont précédé et suivi l'entrée ou la résidence à Amiens de certains monarques.

Un point qui m'a frappé et que je dois citer spécialement, c'est la précaution prise par Charles VIII. En 1493, ce roi devant venir visiter la ville d'Amiens, envoya son valet de chambre, Jehan Potaire, pour qu'il s'informât auprès des curés et des médecins s'il n'y avait aucun danger de peste.

Qu'il me soit permis de mettre en parallèle une femme, un ange, la compagne de notre monarque aimé, qui, n'écoutant que son ardente charité, s'est échappée de son palais dès que le bruit de la terrible maladie d'Amiens est parvenu jusqu'à ses oreilles, est descendue de son trône et a bravé le fléau redouté, apportant, médecin de l'âme, des paroles de consolations au milieu de nos mourants.

Qu'elle soit mille fois bénie !

A. DUBOIS.

ENTRÉES

ROYALES ET PRINCIÈRES

DANS AMIENS

———

1383. — 28 septembre. — Le roi Charles VI, dit le bien-aimé, vient à Amiens, on achète chez Mathieu Cuignet, tavernier, une pipe de vin clairet, de Porto, qui lui est présentée au nom de la ville.

Il reçut en outre du corps de ville, 160 marcs d'argent en vaisselle dorée (1).

1384. — Le même monarque honore de nouveau la ville de sa présence à son retour d'un pèlerinage à Notre-Dame de Boulogne ; le registre d'échevinage s'exprime ainsi au sujet de ce passage :

« Le 27e de mars en temps de quaresme fust le jour et fut « le nuit et le lendemain se party d'Amiens et sen alla au

(1) *Histoire de la ville d'Amiens*, par le Père Daire, page 223.

« digner à Raineval (1). Et au roy notre sire, les maieur et
« eschevins et se bonne ville d'Amiens par bonne délibéra-
« tion lui ont esto presenté 12 pippes de vin c'est assavoir de
« vin blanc et avec ce de le pourveanche de la ville au roy
« nostre sire furent presenté 37 grosses carpes, 40 lus et
« becques et 40 anguilles. »

1385. — 18 juillet. — Charles VI contracta mariage à
Amiens avec Isabelle de Bavière.

Le manuscrit de M. Achille Machart, qui se trouve à la
bibliothèque, renferme le récit suivant :

« Le 18 juillet 1385, Charles VI épousa en la cathédrale la
« fameuse Isabeau de Bavière. Jean de Rollandi, alors
« évêque d'Amiens, est celui qui les maria sur les degrés du
« chœur et presque sous les cloches. Cette cérémonie ache-
« vée, il y eut un festin des plus magnifiques, où les jeunes
« seigneurs de la cour servirent les dames, ce mariage fut
« suivi de beaucoup d'autres réjouissances, il y eut des joutes
« et d'autres divertissements. La princesse s'était rendue en
« cette ville sous prétexte de dévotion pour le chef de saint
« Jean-Baptiste. Elle était accompagnée de plusieurs ducs et
« duchesses d'Allemagne et de plusieurs autres seigneurs.

« Le roi qui l'attendait depuis quelques jours avait amené
« le comte de Vallois, son frère et le duc de Bourgogne son
« oncle et d'autres grands seigneurs.

« Charles reçut avec de grandes démonstrations de ten-
« dresse, la main de la princesse.

« A l'occasion de cette alliance on frappa à Amiens, une
« médaille représentant deux amours qui s'entre-regardent,
« tenant chacun un flambeau pour signifier qu'un même feu
« devait remplir les deux cœurs des mariés, avec ces vers :

« Dum similis respondet
« Amor tæda unica binis. »

(1) Mailly-Raineval actuel.

« (Tandis qu'un même amour vous unit tous deux, vous
« brûlez d'un seul feu.)

« On assure que ce fut en l'ancien Hôtel-de-Ville (hôtel
« des Cloquiers) que Charles VI eut sa première entrevue
« avec cette trop fameuse princesse (1). »

M. de Barante raconte de la manière suivante ce qui se
passa à Amiens, la veille de cet évènement (2) :

« Le 17 juillet, elle fut présentée au roi par les trois duchesses de Bourgogne, de Brabant et de Bavière. Elle com-
mença à mettre le genou en terre devant lui; il se hâta de
la relever et ne pouvait détacher son regard de dessus elle.
Aussi le connétable de Coucy dit : « Par ma foi elle nous de-
« meurera. » Le soir quand le jeune roi fut retiré, il n'eut
rien de plus pressé que de dire au sire de La Rivière : « Elle
« me plaît, allez dire à mon cher oncle de Bourgogne de ter-
« miner tout de suite. » Le duc vint annoncer cette bonne nouvelle aux dames, qui en furent bien joyeuses et crièrent «Noël.»
Il voulait que les noces se fissent à Arras; mais le roi ne
souffrait aucun délai et ordonna que sans quitter Amiens,
tout fut conclu; car disait-il, il n'en dormait pas. «Or bien,
« répondit le duc de Bourgogne, il vous faut guérir de vos
« maux. »

Dès le lendemain la princesse Isabelle fut conduite à la
cathédrale d'Amiens dans un beau charriot dont les cerceaux
étaient recouverts d'étoffe d'argent.

1386. — Charles VI repassa par Amiens, en allant à
L'Écluse.

1392. — Le même roi, désirant conclure la paix avec
Richard II, roi d'Angleterre, se rendit à Amiens, le 25 mars
1392, accompagné des ducs de Touraine, de Berry, de Bourbon
et de Bourgogne et de plusieurs hauts barons et prélats.

(1) A. *Machart*, tome IV, page 82.
(2) *Histoire des ducs de Bourgogne*, 5e édition, tome 1er, pages 304, 305.

Le roi Richard y envoya les ducs de Lancastre et d'Yorck, ses oncles. Malgré 15 jours de discussion, les envoyés du roi anglais s'étant montrés trop exigeants, on ne put conclure qu'une trève d'un an (1).

Ce que l'on ne dit pas dans les chroniques, c'est que le fils même du roi d'Angleterre se trouvait à Amiens au moment de l'entrevue, car le corps de ville offre, le 2 avril 1392, un chef de saint Jean-Baptiste au fils du roi anglais, nommé Jean.

Le manuscrit de M. Achille Machart vient appuyer l'assertion ci-dessus, car il dit :

« En 1392, dans le courant du mois d'avril, le prince Jean, « duc de Lancastre, fils de Richard II, roi d'Angleterre, « étant à Amiens, donna le masque d'or qui couvre le chef « de saint Jean-Baptiste, en l'église d'Amiens. Cet ouvrage « est du poids de 4 marcs. Il y avait au trésor littéral de « la cathédrale une lettre scellée du sceau de ce prince « qui constatait le présent qu'il avait fait. »

Au moment du traité de paix, le roi de France logeant à l'évêché fut attaqué d'une fièvre chaude qui fit craindre pour ses jours, on le transporta à Beauvais où la cour le suivit.

1396. — 14 octobre. — Le roi vient à Amiens avec la reine d'Angleterre, sa fille (Isabelle de France, épouse de Richard II.)

1398. — La reine Isabeau de Bavière vient revérer le chef saint Jean.

(1) Voir pour les détails des conférences, M. de Barante, *Histoire des ducs de Bourgogne*, 5e édition, tome II, pages 38 à 43.

XVᵉ SIÈCLE.

1411. — Entrée de Bernard de Chevenon, 58ᵉ évêque d'Amiens.

1414. — La paix fut conclue à Amiens, entre le roi Charles et le duc de Bourgogne, on porta les chasses de la cathédrale en procession comme signe de réjouissance.

Le roi était à Amiens, le 25 juin, accompagné du duc de Bourbon, du connétable, du chancelier et de l'archevêque de Sens (1).

1416. — Philibert de Saulx, 59ᵉ évêque d'Amiens, fait sa première entrée le 14 septembre.

1417. — Entrée à Amiens du duc de Bourgogne (2).

1418. — Décembre. — Entrée de Jean de Harcourt, 60ᵉ évêque d'Amiens.

1420. — 22 janvier. — Henri V, roi d'Angleterre, passe par Amiens, emmenant avec lui Catherine de France, sa femme, dernière fille de Charles VI (3).

1423. — Passage du duc de Bethfort, et des ducs de Bourgogne et de Bretagne (4).

1427. — Le duc de Bethfort, régent de France, vient dans notre ville, le 7 avril 1427, avec sa femme et monseigneur l'évêque de Thérouane, chancelier de France, en revenant d'Angleterre.

(1) Daire, 1ᵉʳ volume, pages 226, 227.
(2) Daire, 1ᵉʳ volume, page 228.
(3) Daire, 1ᵉʳ volume, page 230.
(4) Daire, 1ᵉʳ volume, page 230.

1431. — Octobre. — Allant traiter avec le duc de Bourgogne, le cardinal Sainte-Croix, légat du Pape, passe par Amiens (1).

1436. — Charles VII, roi de France, fit son entrée solennelle, la cathédrale fut illuminée d'un triple rang de cierges (2).

1436. — 16 octobre. — Isabeau de Portugal, troisième femme de Philippe, duc de Bourgogne, vint à Amiens avec Charles de Bourgogne, comte de Charolais, ils visitèrent le chef Saint Jean. Cette princesse revint à la mi-juillet 1440, et le corps de ville lui présenta une coupe d'or du poids de 3 marcs à 21 carats, et mille saluts, afin d'aider par cette somme à retirer de l'Angleterre, Charles, duc d'Orléans, qui y était prisonnier (3).

1437. — 16 mars. — Entrée de Jean Avantage, évêque d'Amiens. Cet évêque était picard, étant né Etaples.

1443. — 5 août. — Louis Dauphin de Vienne, fils de Charles VII, vient à Amiens (4).

Il remercie les habitants de cette ville des secours qu'ils ont envoyés aux siéges du Crotoy, de Montereau et de Creil (5).

Ce prince donna plusieurs ornements de velours violet parsemés de fleurs de lys d'or, pour servir à la messe qui se dit le 12 août, jour de saint Clair, au retour de la procession générale et solennelle que Sa Majesté voulut être aussi célébrée, tous les ans, pour rendre grâce à Dieu de ce

(1) Daire, 1er volume, page 231.
(2) Daire, 1er volume, page 232.
(3) Daire, 1er volume, page 232.
(4) Daire, 1er volume, page 233.
(5) Éphémérides des journaux de 1826.

qu'il avait recouvré la Normandie. Cette messe est celle de la Nativité de saint Jean-Baptiste (1).

1444. — L'austérité de sainte Colette, née à Corbie (Somme), a retenti d'un bout à l'autre de l'Europe; les sages réformes qu'elle a su apporter dans un ordre qui, comme tous les autres, tendait à se relâcher, l'autorité incontestable que lui avait donnée la bulle du pape qui l'instituait supérieure générale des Clarisses, avaient fait d'elle un personnage d'une importance réelle; elle vient à Amiens trois ans avant sa mort et son passage est marqué par les deux articles de dépenses suivants :

« Au Saumon d'argent, le 5e jour de mars 1444, 2 kanes « de vin à 18 deniers le lot pour seur Colette, qui est nouvel- « lement venue en ceste ville . . . . 9 sols.

« Au double Chercle, ledit jour, 2 kanes de vin à 16 de- « niers le lot, pour elle, comme dessus est dit . . . 8 sols.

Le passage suivant n'est certes pas celui d'un personnage important, mais il est si singulier surtout à cause de la valeur de l'aumône accordée par la ville, que je ne puis le passer sous silence.

1445. — 15 mars. — Sur ce que monseigneur Pierre, soi disant comte, en la Petite Égipte, accompaigné de cinq ou six notables, hommes dudit païs, estoit venu devers messeigneurs en leur eschevinage a tout le coppie d'une bulle de N. S. père le pappe, par laquele appert, ils sont ordonnés pour 7 ans de aler par le pays, penitanche commenchant l'an mil 4 c. et 39 et quiconques leur fera aumosnes le pappe remet la moitié des péchés commis pour eux confessés et repentans que bien leur feront et disoit ledit comte qu'il estoient bien 500 personnes en plusieurs villes et retour- noient en leur pays pour ce que le fin de leur temps se passe.

(1) Manuscrit de M. Machart (Achille.)

Requeroit que pour lonneur et amour de Dieu aucune au-
moisne leur fust faicte mesdits seigneurs ont ordonno et dé-
libere que pour lonneur et pour amour de N. S. on leur
donroit des deniers de la ville la somme de 12 livres.

1448. — La fille de M. de Saveuse se marie avec le comte
d'Eu (1), il est décidé dans l'échevinage du 16 juillet, que la
ville lui présentera une coupe d'argent de 3 ou 4 marcs. Au
comte 6 kanes de vin, à la comtesse aussi 6 kanes.

Le 26 septembre de la même année on présente 4 kanes de
vin de Beaune, à madame la comtesse d'Eu, logée en lostel
des Trois Cailloux, ce vin a coûté 12 sols.

(1) La fille de M. de Saveuse se nommait Jeanne. Son père était le fameux Phi-
lippe de Saveuse, capitaine d'Amiens, sa mère s'appelait Marie de Lully. Philippe
de Saveuse et Marie de Lully ont fondé à Amiens le couvent des filles de sainte
Claire. Jeanne, leur fille, épousa en juillet 1448, dans l'église de l'abbaye de
Saint-Martin-aux-Jumeaux, à Amiens, Charles d'Artois, comte d'Eu, seigneur de
Saint-Valery-sur-Somme, fils de l'aventureux Philippe d'Artois, connétable de
France. Jeanne de Saveuse était une des plus belles femmes de son temps, elle
ne fut mariée que pendant cinq mois et mourut à la fleur de ses ans. Son corps
fut transporté à Arras, où il reçut la sépulture dans le couvent des Clarisses de
cette ville. Son père et sa mère se firent enterrer auprès d'elle. Les religieuses
de Sainte-Claire d'Amiens, par reconnaissance pour les Saveuse, firent représen-
ter ces trois personnages sur une verrière de leur église. Il est fâcheux que cette
verrière ait été détruite. A Eu, dont elle fut comtesse, Jeanne de Saveuse était
représentée dans la crypte de l'église Notre-Dame, revêtue d'un élégant costume
du moyen-âge et d'un surcot étroit qui se développait en robe ondoyante. Le
buste de Jeanne de Saveuse existe au musée de Versailles. Ce buste, parfaitement dessiné, figure dans la série de magnifiques portraits, qui accompagne le
texte d'une splendide publication intitulée : *Généalogie de la maison de Sarcus*,
1 vol. in-4°, Paris, Napoléon Chaix et C°, 1858. Inutile d'ajouter que l'antique
maison de Saveuse est éteinte depuis longtemps.

Quant à Charles d'Artois, il épousa en secondes noces, Hélène de Melun, dont
le corps fut trouvé, parfaitement conservé, dans la chapelle saint Laurent de
l'église Notre-Dame d'Eu, lors des ignobles violations de sépultures qui eurent
lieu en France pendant l'année 1793.

(Note de M. M.-A.-Gabriel Rembault, d'Amiens.)

23 décembre. — Philippe, duc de Bourgogne, vient à Amiens avec Isabelle de Portugal, sa femme et le comte de Charolais leur fils, pour y recevoir et faire honneur au duc Charles d'Orléans, qui avait épousé leur nièce Marie de Clèves, il furent reçus au chœur de la cathédrale par l'évêque Jean, qui leur fit présent de deux drageoirs en argent pesant 20 marcs (1).

1457. — 29 mars. — Première entrée de monseigneur Ferri de Beauvoir, 64e évêque d'Amiens.

Il fit prier MM. de l'échevinage de l'accommoder de quelques jeunes hérons de leur héronnerie de la Hautoye, pour l'aider dans son festin.

En août 1457, le duc de Bourgogne vient à Amiens, où il régnait en despote, sans doute, car les maieur et échevins font comprendre par leur délibération ci-dessous transcrite, qu'ils ne pouvaient obtenir sinon des faveurs, au moins une certaine liberté d'action qu'en faisant des présents à l'entourage de ce seigneur.

« Août 1457, au portier gardant la porte de lhostel de
« monseigneur de Bourgogne, 20 sols pour don à lui fait
« par nos dits seigneurs en faveur de ce qu'il leur avait fait
« et faisoit libéralement ouverture et entrée audit hostel
« quant ils aloient devers mon dit seigneur pour les affaires
« de ladite ville. »

La Picardie et notamment la ville d'Amiens gémissaient sous le joug étranger. Louis XI voulait à tout prix racheter la province qu'il affectionnait le plus ; aussi fut-il obligé de subir toutes les conditions qui lui furent imposées par son rival altier, il n'obtint le retour de cette province, sous son autorité, que moyennant la somme énorme pour le moment, de 400,000 écus.

Dans le conseil tenu à Abbeville, le roi décida que les

(1) Daire, page 288, tome I.

villes ci-après de la Picardie concourraient pour 24,000 livres
dans ce rachat, savoir : l'élection d'Amiens dut compter
13,000 livres ; l'élection de Ponthieu, 7,000 livres ; l'élection
de Saint-Quentin, 3,500 livres ; Arleux, Crèvecœur, Te-
rouanne et Mortaingne, 500 livres ; le tout payable moitié
à la Saint-Jean-Baptiste suivant et l'autre moitié à Noël.

Louis XI fait connaître aux habitants d'Amiens, le retour
de la Picardie entre ses mains, de la manière suivante :

« A nos chiers et bien aimez les gens d'église, maire et
« eschevins, bourgeois et habitants de notre ville d'Amiens
« de par le roy chers et bien aimez depuis notre avénement
« à la couronne, nous avons toujours eu désir et vouloir de
« ravoir et raquietier nos terres et seignouries de Pi-
« cardie engagiées à nostre très chier et très aimez oncle, le
« duc de Bourgogne, par le traittie et appointement fait à
« Arras et à ceste cause avons tant fait moyennant l'ayde
« de Dieu que avons trouve la somme par laquelle elles
« estoient engaigiées et icelle fait bailler comptant à nostre
« dit oncle et par ce moyen raquittics nos dites terres et
« seignouries et envoie des gens de notre conseil par les
« bonnes villes chasteaux et autres lieux pour en prendre
« la possession de par nous, et pour ce que nous voulons
« bien congnoistre les affaires estats et disposicion des dites
« terres et pays et de nos subjects dicelluy a ce qu'ils soient
« gouvernez sous nous par une bonne police et justice, nous
« avons ordonné assembler les gens des estats dicelles terres
« et pays en notre ville d'Abbeville, au 15e jour de no-
« vembre prochain venant auquel lieu avons entencion de
« recevoir nos hommages et faire dire et remonstrer aucunes
« choses de par nous touchant le bien et utilité desdits pays
« sy voulons et vous mandons que envoiez aucun d'entre
« vous aus dis jour et lieu et que en ce me faites faulte.

« Donne à Abbeville, le 23e jour d'octobre (1463.) »

Signé : LOYS.   *Signé :* ROLANT.

Après la lecture de cette lettre et pour satisfaire à l'ordre du roi, M⁰ Jehan Jonglet, M⁰ Jehan du Caurrel et sire Hue de Courcheles furent nommés pour assister à la réunion.

Louis XI astucieux et méfiant n'avait guère besoin de prendre d'aussi grandes précautions avec le peuple Amiénois, ce peuple lui était tout dévoué et ne demandait certes pas mieux que de se trouver sous son obéissance.

Un mois avant la lettre du roi et pensant que ce monarque viendrait lui-même prendre possession de la ville d'Amiens, les maïeur et échevins avaient déjà ordonné des dispositions pour le recevoir dignement.

La délibération de l'échevinage du 12 septembre 1463 , en fait foi :

« Pour ce qui est grant nouvele que le Roy notre sire
« nommé Loys doit brief venir en ceste ville pour aucunes
« ses affaires, MM. ont esté assemblé audit eschevinage pour
« avoir advis et conseil quel reverenche ils lui feroient et fi-
« nablement ont conclu qu'ils yront aux champs devers luy
« quant il venra et luy sera la ville recommandé et les habi-
« tants le plus humblement que faire se porra et comme a leur
« vrai seigneur naturel luy porteront les clefs de la ville
« et les luy bailleront en sa main et ce fait venront avec luy
« en la ville et seront les rues par ou il passera toutes ten-
« dues de draps contre les maisons le mieulx et plus honnes-
« tement que faire se porra et seront fait parmy les dites
« rues de beaux mistères sans parler, pour lhonneur de sa
« très noble et excellente personne. Et quant il sera en son
« hostel luy sera présenté de par le ville 12 pippes de vin et
« 6 bœufs. »

Le 18 septembre, Jehan de Vaux et Guerard de Hemon-lieu sont désignés pour aller par les celliers pour choisir le vin.

Jehan Leclerc et Colart le Rendu choisiront les bœufs.

Jacques Clabaut, Hue de Lesmes, Pierre du Gard, Jehan de Vaux, Guerard de Hemonlieu et Fremin Leclerc présenteront le vin au roi dans des pintes d'étain.

A M. le chancelier, il sera présenté deux ponchons de vin.

Il sera fait cent torses (*torches*) chacune de 3 livres.

Les rues de la ville seront éclairées de tourteaux, de falots, tant que le roi sera à Amiens ; un mille est commandé à cet effet.

Philippe de Morviller sera envoyé à Hesdin, vers son cousin le chancelier, pour savoir quel chemin le roi prendra pour venir à Amiens.

Il est probable que le chancelier était de mauvaise humeur, car la réponse qu'il fit à son parent n'est rien moins que polie.

Voici cette réponse :

« Quant à ce de savoir quant le roy venroit en la ville
« d'Amiens et s'il y venroit il n'en savoit rien car quant il
« plaisoit au roy de prendre un chemin il le prenoit.

« Quant à la manière de le recevoir on devoit lui faire
« les honneurs comme aux souverains ; non pas trop gran-
« dement car il ne queroit point telle chose et bien lui con-
« seilloit que on luy feist des honnestes joyeusetés et esba-
« tements en passant par les rues.

« Quant aux présents, ils lui feissent comme on a cous-
« tume aux rois et souverains. »

La bonne volonté ne manquait pas aux administrateurs de la ville d'Amiens, pour recevoir dignement leur roi légitime ; mais, après les événements de toutes sortes qu'ils avaient eu à traverser depuis le commencement du siècle, la ville s'était appauvrie ; la preuve en existe dans la délibération de l'échevinage du 7 novembre 1463, où les maieur

et échevins se virent contraints de restreindre leurs dépenses
pour les présents de la manière suivante :

On offrira au roi :

Dix pièces de vin, quatre bœufs et dix muis d'avoine.

Et au chancelier, un ponchon de vin.

Le grand compteur, Hue Houchart et Jehan Devaux furent
désignés pour chercher le vin ; Colart le Rendu, Jehan Aux-
cousteaux et le grand compteur pour le choix des bœufs.

Le 2 janvier suivant, il est de nouveau question de l'arrivée du roi, on prend alors la décision suivante :

« On portera dessus son chief ung payle (1) de soye blanc
« semé de fleurs de lys et en ceste estat yront avec luy de-
« puis la porte de la ville jusques à l'église Notre-Dame et
« porteront le dit poyle, sire Philippe de Morviller, sire Hue
« de Courcheles, Jehan le Normant Jacques Clabaut, maistre
« Jehan Legris, Aubert Fauvel et sire Jehan de Saint-Fussien
« s'il y vault estre et aussi Gille de Lan, si le dit Philippe
« ne le vault porter et yront tous à piet chacun vestu de
« sa bonne robe. »

Tous ces préparatifs n'eurent d'effet que le 9 juin 1464,
car le roi ne vint qu'à cette époque.

La politique du roi ne lui permettant pas de se rendre à
Amiens et ce monarque désirant conserver intact le bon vouloir qu'il rencontrait dans le peuple de cette ville, il leur
envoya sa femme, Charlotte de Savoye.

Laissons parler le greffier :

« Pour ce qu'il est nouvelle que la Royne de France venra
« en la dite ville d'Amiens par quoy cest bien raison de luy
« faire aucun présent honneste et honorable, Messieurs ont
« délibéré qu'ils lui présenteront ung tres beau drageoir

(1) Poêle.

« d'argent doré et varé dor pesant 16 marcs d'argent a y
« comprendre 2 cuillers servant au dit drageoir.

« Le 16 janvier 1463, 4 heures après disner la Royne de
« France nommée Charlotte femme de Loys Roi de France
« vint à Amiens et est fille du duc de Savoye et alerent au
« devant delle le maieur et les echevins et conseillers de la
« ville jusques oultre Hen pour ce quelle venoit de Pinque-
« gny et aux champs lui fù recommandée la ville par
« Me Jehan du Caurrel conseiller d'icelle ville. Et ce fait sen
« vint par my la ville a leglise Notre Dame et estoit en une
« litière trainée par deux haquenées blancs pour ce quelle
« estoit enchainte et fu logée a lostel monseigneur levesque
« d'Amiens a laquelle fu présenté ung drageoir dargent pe-
« sant 20 marcs doré et 2 ponchons de vin, et a la princesse
« de Navarre et a la princesse de Piemont seres du Roy a
« chacune 1 ponchon de vin.

« Et a sa venue furent toutes les cloques de la ville son-
« nées et du beffroi et crioient les gens Noël ! et si furent
« toute la nuit fais feux dos, chansons et jeux de personnages
« pour la joye delle dont toute la ville fu resjoye.

« Quant elle fu descendue au parvis monseigneur et les
« chanoines tous revêtus de chapes l'attendoient et quant
« elle fu deschendue monseigneur levesque lui fist baiser la
« vraie croix et fist on jouer les grandes orgues a son entree.

« Et depuis se deslogia la dite Royne de lostel du dit
« monseigneur levesque et se logea en lostel de Me Jehan
« Vilain avocat du roy au Marchié au fromages (rue des
« Sergents) et les princesses a lostel de M. de Contay, mesme
« rue (1).

(1) Ainsi, au xve siècle, l'hôtel de Contay était située au *Marchié aux fromages.* L'emplacement qu'il occupait était compris entre la rue des Sergents à
l'ouest, la rue Saint-Remi, à l'est, la rue des Crignons, au sud et la Petite-rue-
Saint-Remi, au nord.

Il avait été construit sur les terrains de l'ancien petit Chatelet de la ville d'A-

« Et le vendredi 3 février partirent pour aler à Chartres.

« La drageoir n'ayant pas este prete pour l'arrivée de la
« reine, Aubert Fauvel et Jean le Rendu furent envoyés à
« Nogent le Roi porter deux drageoirs avec une lettre de
« MM.

« La reine leur donna une lettre close scellée de son scel
« en chire vermeil et signée de son saing manuel dont la te-
« neur suit :

« A nos tres chers et bien aimez les maire et eschevins de
« nostre bonne ville d'Amiens,

« Tres chiers et bien aimés nous avons recus par Aubert

miens. Si le chanoine, Adrien de la Morlière, avait connu le document que M. A.
Dubois met en lumière aujourd'hui, il aurait été moins embarrassé pour expliquer
le lieu où furent reçus, pendant le xv⁰ siècle, les ducs de Bourgogne suzerains de
la Picardie, auxquels la famille Le Jeune de Contay devait sa rapide et brillante
fortune. A deux reprises différentes l'historien de La Morlière hésite pour fixer
le lieu où se trouvait l'hôtel de Contay. Ainsi, en parlant du séjour du duc de
Bourgogne à Amiens, en 1426, il dit que ce duc « choisit pour logis l'hostel de
maistre Robert le Ieune, aduocat, à Amiens, son conseiller; mais *ie doute que ce
soit l'hostel de Contay, tout joignant les Augustins*, qui fut depuis aux seigneurs
de Humiers, héritiers de la maison de Contay, dont les enfants dudit le Ieune
auoient pris le nom; pour raison que ce quartier n'estoit lors bien joint à l'an-
cienne ville. » (*Antiquitez de la ville d'Amiens*, liure iii, p. 321, éd. de 1642.)
Puis, dans son *Recueil des illustres maisons de Picardie*, pages 226 et 227, le
même auteur s'exprime ainsi en parlant du changement des armoiries des Contay :
« Ils lui laissèrent ces armes » (celles à eux octroyées d'abord par le roi d'Angleterre, usurpateur du titre de roi de France), « comme on voit de la chapelle
qu'ils firent bâtir en leur hostel au bout de leur jardin, tout ioignant les Augustins,
et si contigue et annexée, que l'on l'a depuis peu appropriée à cette église : *Mais
ie suis en doute que ce fust la maison du père, où selon Monstrelet, le duc de Bourgogne se logeoit ordinairement*, pour les raisons que i'ay touché au liure précé-
dent. »
Grâce à l'intéressante publication de M. A. Dubois, on saura maintenant que
l'hôtel des seigneurs de Contay était, pendant le xv⁰ siècle, situé dans la rue des
Sergents. Cet hôtel fut plus tard, transféré près du couvent des Augustins, proba-
blement à l'époque où la famille d'Humières hérita de la fortune des Contay.

(Note de M. M.-A.-Gabriel Rembault.)

« Fauvel eschevin et Jehan le Rendu les drageoirs que nous
« donnates à notre entrée en notre ville d'Amiens dont vous
« savons tres bon gre et vous tenes seur que vous avons en
« singuliere recommandacion et avons les fais de votre ville
« pour recommandes tres chiers et bien aimes notre sei-
« gneur soit votre garde.

« Escript à Nogent le Roy le 1 mars signé Charlotte,
« Le Maye. »

La dépense pour ces drageoirs fut de 206 livres, elle res-
sorte sur les comptes de la mairie.

« A Pierre Latargie orfevre demeurant à Amiens la
« somme de 7 vingt dix huit livres d'une part pour l'achat
« a lui fait de 20 marcs d'argent au pris de sept livres 18
« sols le marc dont il fist 2 drajoirs et les louchettes y ser-
« vant et la somme de 48 livres d'autre part pour soin et do-
« rures d'avoir fait yceux drajeoirs font 206 livres, les quels
« drajeoirs fais aux armes dicelle ville furent depuis par
« messeigneurs maieur et escheyins présentés a tres haulte
« et tres excellente princesse la Royne de France a sa
« joyeuse et première venue et entrée en ceste ville d'Amiens
« comme il appert par mandement du 16ᵉ jour de février
« 1463. »

1464. — 9 juin. — Le roi Louis XI fait son entrée à
Amiens, tout le cérémonial décidé en septembre 1463 fut
suivi, de plus, on représenta le mystère de Jonas sortant de
la baleine, car :

« 10 décembre 1464, messeigneurs ont ordonné que les
« broutiers de la ville aront des deniers dicelle la somme de
« 12 sols pour avoir porté devant le Roy a sa première venue
« en la dite ville ung mystère qui estoit faict d'une baleine
« et de Jonas le prophète qui estoit dedans icelle baleine. »

Ce monarque à peine parti d'Amiens, recommande par
lettre de bien garder la ville, mais le duc de Charolais vou-

lait à tout prix reconquérir la Picardie, ce ne sont qu'escarmouches et embuscades autour d'Amiens.

Des dispositions extraordinaires sont prises par le corps de ville dans l'échevinage du 1er avril 1465.

Un archer et un arbalestrier garderont les portes de Beauvais et de Noïon.

Les archers seront convoqués à une revue avec les arbalestriers, on leur recommandera de bien garder la ville.

Toutes les personnes qui ont des huis ou fenestres sur la forteresse devront les boucher de bons murs sous peine d'amende et de prison.

Il est ordonné au grant compteur qu'il achete du souffre salpestre et autres mistions pour faire pourre de canon autant qu'il en porra trouver.

Les herches barrières et autres clostures seront vestues de fer.

Un homme veillera constamment de jour sur la porte Montrescu et sonnera la cloquette autant de fois qu'il verra les gens venir en ladite ville (Martin de Calais, Wautier (gantier) est commis à cet effet avec 9 sols de gage par semaine.)

Un fossé sera coppé à l'endroit de Duryame afin que l'eau puist entrer es fossés de la ville.

Sept cents, huit cents ou mille mailles (maillets) de plong ou autre tel nombre qu'il leur plaira seront fait afin que on puis armer les bonnes gens qui nont nuls bâtons.

La crainte augmente le 13 mai, car l'échevinage ordonne de clore la porte de Noyon et la garde ira doubler celle de la porte de Beauvais.

Quant gens darmes de par le Roy se présenteront pour passer, ils passeront 100 ou 200 chaque fois et seront les caynes des rues tendues tandis qu'ils passeront, ils seront conduis par M. le maieur, le lieutenant de M. le capitaine accompagné des notables gens de la ville à cheval et les sergents de nuit.

Une grosse barre de fer sera ajoutée à chacune des serrures des portes de la ville, ces barres fermeront à clef.

Un sergent de nuit et deux hommes du guet veilleront à la cloque du beffroi avec celui acoustumé, ils senfermeront hault et garderont seurement tellement quils puissent estre maistres de le corde et de le cloque.

Les chapelains de l'Université se retrairont audevant du parvis Notre-Dame, en cas d'effroi, tant pour garder les caynes comme pour garder le barre Saint Miquel (1).

Les prestres mercenaires se retrairont chacun en leur quartier ou plus près des lieux où ils sont demourants.

Les gens de vilages et autres forains resteront en leur logis jusqu'à ce qu'on décide autrement.

En cas d'incendie les compaignons a marier et de mestier iront chacun avec son maistre ou leur pere et amis.

Les varlets de brasseurs couvreurs desteules et de tieules, les carpentiers, les varlets des boulengiers, taincturiers et fillettes ont les gardes du marché et des caynes.

Pour les faubourgs chaque nuit 2 douzaines 4 archiers 2 arbalestriers 2 religieux de chacun des 3 ordres mendiants l'un devant minuit, lautre après, 1 des maistres de la grande escole avec leurs grands valetons et ung des archers des dits faubourg au guet.

Deux allées seront faites sur la muraille depuis Duriane.

6 juin, M. de Rivery est nommé capitaine de la ville et M. de Glisy capitaine des faubourgs.

(1) Celle barre ou ce barrage se trouvait à l'extrémité est du cloître Notre-Dame, vers la place Saint-Michel.

Dans une assemblée qui a lieu en la halle, le 8 juin, les bourgeois de la ville déclarent à M. le chancelier de France qui est à Amiens et présent à la séance, que au plaisir Dieu ils rendront bon compte au roy de la ville d'Amiens qu'ils garderont jusqu'à la mort.

M. le chancelier décide que les gens d'église et couvents devront contribuer à la défense de la ville.

Le comte de Charolais qui « *est avant la Picardie* » s'est déjà rendu maistre de Nesle, Roye, Montdidier et d'autres places environnantes.

Des travaux extraordinaires sont ordonnés à la forteresse.

Le calme est revenu vers la fin d'octobre et les portes sont définitivement ouvertes par délibération du 2 décembre 1465.

Penultième de décembre, nouvel émoi, la guerre est en Normandie, le guet recommence.

Les travaux ont été fort importants pendant cette année, car le budget du maître des ouvrages qui ne montait l'année précédente qu'à 836 livres 9 sols en recettes et à 830 livres 9 sols 7 deniers en dépenses, s'est élevé en 1464, en recettes à 3,150 livres 2 sols 3 deniers et à 3,428 livres 1 sol 9 deniers en dépenses, dont le déficit a été avancé patriotiquement par Jean Leseneschal (1) compteur.

(1) Le P. Daire, dans son *Histoire littéraire de la ville d'Amiens*, page 172, dit que la famille Le Senechal paraît dès l'année 1403. Il cite parmi les illustrations de cette famille Charles Le Senechal, fils de Vincent, seigneur de Bacouel, contrôleur de l'artillerie à Amiens et de Marie de Lattre. Ce Charles né à Amiens où sa famille subsistait encore du temps du P. Daire, composa trois épigrammes latines à la louange du chanoine Adrien de La Morlière. Celui-ci les fit imprimer en 1642, à la tête de ses *Antiquités d'Amiens*. Charles mourut le 27 avril 1658. L'auteur de cette note possède, par héritage, un cachet armorié des Le Senechal, dont le blason était : *d'azur au chevron d'or, accompagné de trois trèfles de même, posés 2 et 1.*

(Note de M. M.-A.-Gabriel Rembault.)

Enfin le comte de Charolais auquel le roi a de nouveau transporté le pays de Picardie et de Ponthieu doit faire son entrée à Amiens.

Il est décidé le 10 février 1465 : qu'on ira au-devant de lui aux champs et lui sera la ville recommandée.

Les rues seront tendues de draps et tapis, on le conduira jusqu'à Notre-Dame et à son hostel.

On lui présentera à son hostel 4 ponchons de vin de Paris vieil ; 2 demi-quennes de vin de Beaune nouvel , l'un blanc et l'autre vermeil.

6 luces, 4 gros becques que on dist quarreaux, 12 grosses carpes, 24 grosses anguilles.

On ira à Saint-Quentin et à Saint-Cry, pour le poisson querir.

Comme le comte de Charolais n'est venu à Amiens que le 18 mai, au lieu de poissons on lui présenta 3 beaux bœufs avec le vin décidé.

Jehan le Senescal et Hue Houchart eschevins sont commis le 23 avril 1466, pour s'entendre à faire mystères et histoires pour l'arrivée de M. de Charolois, si manderont les compaignons rethoriciens qui se congnoissent en jeux et histoires.

Et le 9 juin, après le départ du comte, l'échevinage accorde 40 sols à frère Miquiel le flament, religieux de l'ordre des frères prescheurs pour sa painne et travail et diligence qu'il a prises d'avoir fait plusieurs beaux mistères sur un hourt à la première venue du duc de Charolois.

Le jeudi dernier janvier 1470, le comte de Dampmartin, grand maistre dostel de France et lieutenant du roy vient avec une grande quantité de gens darmes et darchiers prendre possession de la ville au nom du roi.

Le maieur et sire Phelippe de Morviller allèrent parlementer avec lui à la porte de Beauvais.

En cas de refus le dict grand maistre y procéderoit si rigoureusement de par le roy que la ville en seroit destruite et en seroit à toujours memore perpetuelle.

Le maieur demanda jusqu'au lendemain pour consulter les notables habitants.

A l'assemblée du lendemain à la Malemaison furent introduits de la suite de M. de Dampmartin huict personnes M. de Torcy, de Beaumont, de Teneilles, Cadorat et autres.

Là M. de Torcy demanda au peuple assemblé qui y estoient venus au nombre de 1000 et plus, sils voloient estre bons et loyaux franchois et subjects du Roy. Tous lesquels, à une voix concordablement respondirent *oy*.

Et le lendemain qui fu le jour Notre-Dame mon dist sieur le grand maistre entre en la dite ville à tout grant compaingnie de gens de guerre et lendemain qui fu dimence tout le peuple ala à Notre-Dame ou fu chante le *Te Deum* et firent serment devant M. le comte et fu crié *Noel* en grant joye.

Depuis février 1470 jusqu'au 22 avril 1471, c'est-à-dire pendant plus de 10 semaines, il n'y eut point d'échevinage à cause de la guerre qui lors était entre le roi et le duc de Bourgogne « lequel duc sestoit venu logier et toute son ar- « mée devant la ville d'Amiens, laquelle il greva mout de « canons serpentines et culeuvrines quil fist gester en la « dite ville, rompre les maisons et les églises. »

Pendant que le duc de Bourgogne assiégeait Amiens, le guet se faisait à Saint-Martin-aux-Jumeaux parce que du beffroi on ne pouvait voir les gens darmes du duc qui se trouvaient vers Saint-Acheul, on accorde 5 sols à Jehan Macheclier pour avoir fait ce guet l'espace de 34 jours.

Monseigneur le grand maistre dans l'échevinage du 29 avril 1471, où il se trouve, ordonne que les murs du bosquet Saint-Martin, de la follie grande et petite, et les murs du clos des vignes de Saint-Achœl seront abatus au rez de terre pour ce que les ennemis de la ville venroient pour la grever et sy porroient logier et par ce moyen seroit la ville en grant aventure dé porter dommage irréparable par quoy il vault mieulx que les dits murs soient abatus que on les laissast en estre.

Mon dit sieur le grant maistre au dit eschevinage sest grandement loé de messeigneurs et de la ville et les a remerchie du grant bien et honneur quils luy ont fait de luy avoir baillie pour le roy icelle ville et que jamais noubliera leur bien et courtoisie et que en quelque moment que MM. ou aucun de la ville aront à faire de luy son retraient a luy et de tres bon cœur il leur aydera confortera et leur fera tout le plaisir qu'il leur porra faire dont MM. lont remerchie tres humblement.

Dans l'échevinage du 5 août 1471, il est décidé que : chaque corps de mestiers fera faire une couleuvrine grande comme serpentine qui seront escriptes du nom des dits mestiers et seront gardées par les Ewars tant que on en aura besoin.

Le 17 juillet 1472, M. de Lohiac maréchal demande la démolition de l'abbaye et de l'église de Saint-Jehan qui est dehors de la ville parce que les bourguignons qui font cruelle guerre au roy pourroient si venir loger et gener tellement la ville qu'on n'y saurait mettre remède, il demande des ouvriers de la ville pour faire ce travail; après plusieurs assemblées il a été décidé qu'on répondrait au maréchal que la ville n'a pas d'argent et que s'il lui convenait d'en prendre sur l'ayde du roi et de le faire lui-même il était libre.

Dans l'échevinage du 28 janvier 1473, il est dit :

Le Roy doit venir demain à Amiens, on lui présentera 6 ponchons de vin, 2 vermeaux, 2 blancs et deux clarée.

Seront faits feu d'os par la ville en signe de joye et falots alumés et candeilles aux fenestres des maisons de la ville.

Louis XI vient à Amiens en mai 1474 avec M. le duc de Bourbon messeigneurs du Perche, le maréchal de Lohiat maréchal Joachim, le Seneschal de Normandie, monseigneur de Genly, le trésorier des guerres le prevost des armées, M⁰ Nicole Tillart, M⁰ Johan Mesme etc.

Il y revient de nouveau avec son épouse, les rues furent tapissées sur son passage, il alla loger au pont Calais, la ville fut illuminée toute la nuit.

Un des événements les plus importants de l'histoire se prépare. Louis XI va traiter de la paix avec l'Anglais, et signer le traité de Picquigny qui accorde une trève marchande de 7 ans.

Il arrive à Amiens le 22 août 1475 on lui fait présent de 6 ponchons de vin.

A M. de Bourbon 3 ponchons au connestable 3 ponchons aux aultres seigneurs selon son degré.

Aux seigneurs d'Angleterre et à lambassade d'Engleterre selon leurs estats.

C'est après cette entrée qu'eut lieu, le 25 août, l'entrevue d'Édouard et de Louis XI sur le pont de Picquigny où les deux monarques traitèrent de paix à travers une barrière établie tout exprès (1).

(1) Si vous ouvrez le n⁰ du *Bibliophile français*, paru en octobre 1867, vous trouvez à la page 421 sous le n⁰ 2086, ce qui suit :

« HISTOIRE DE LOUYS XI, roy de France, et des choses mémorables advenues
« en l'Europe durant vingt et deux années de son règne, par Matthieu, Paris,
« 1610, in-4°, d.-rel. v. front. gravé. (Quelques piqûres de vers.)   240 «
« Orné d'un magnifique frontispice gravé, où se trouve le portrait de Louis XI
« en médaillom. »

Cette description de ce volume, coté 240 francs, malgré *quelques piqûres de vers*, est exacte. Seulement l'auteur aurait pu ajouter que le médaillon de Louis XI,

1477. — Juin. — Le roi de Portugal passe à Amiens, il descend à l'évêché (1).

1483. — 8 mai. — Entrée de Pierre Versé, 67ᵉ évêque d'Amiens.

1483. — Juin. — Entrée à Amiens de M. le Dauphin, de madame la Dauphine Marguerite d'Autriche et de madame de Beaujeu.

1492. — 9 août. — Marguerite d'Autriche vient de nouveau à Amiens, on lui présente 2 ponchons de vin et aux seigneurs de sa suite 24 kanes.

1493. — Charles VIII doit venir à Amiens, mais avant de faire cette entrée il envoie, Jehan Potaire, un de ses valets devers les maieur et eschevins pour que l'on réunisse les curés et les médecins afin de savoir s'il n'y avait aucun danger de peste.

Dans un échevinage du mois de juin, les maieur et échevins prennent les dispositions nécessaires pour la réception du monarque.

« A la venue du Roy prochaine MM. iront le joindre par

sur le frontispice, était accompagné de quelques faits relatifs à la vie de ce monarque.

Ainsi l'entrevue qui eut lieu sur le pont de Picquigny, en 1475, y est représentée. Nous pensons que ce dessin, exécuté pour un ouvrage publié en 1610, est le plus ancien et le plus curieux de tous ceux qui ont paru depuis sur le même sujet. Si jamais un peintre picard voulait reproduire sur la toile, l'entrevue qui eut lieu à Picquigny, entre les rois de France et d'Angleterre, nous l'engagerions vivement à s'inspirer du dessin qui se trouve sur le frontispice de l'*Histoire de Louis XI*, par Matthieu.

(Note de M. M.-A.-Gabriel Rembault.)

(1) Daire, page 251.

« les champs et maistre Jacques Groul avocat de la ville fera
« la harangue.

« A l'entrée de la porte sera tenue par 8 ou 10 de MM. 2
« pailles, un sur le Roy de drap de damas vermeil l'autre sur
« la Royne de drap de damas blanc, vert ou pers et seront ces
« poeles portés jusqu'au devant de la grande église Notre
« Dame.

« MM. seront vestus de robes longues de drap de demi
« granie.

« Seront commis à porter les poeles Jehan le Normand,
« Nicolas Rendu, Nicolas Fauvel, Jehan Peredieu, Jehan de
« Lully prévost, Pierre de May, Jehan Berlin, Me Robert-
« aux-Cousteaux, Richer de Saint-Fussien, Me Bernart
« Daut, Anthoine Lorfevre.

« Depuis la porte jusqu'à la cathédrale seront joués mys-
« tères.

« On fera présent au Roy, de 6 des plus beaux bœufs gras
« que l'on porra avoir, avec 12 ponchons de vins, 6 vermeil et
« les autres de Beaune ou de Orléans claros.

« A la Royne, une pièce d'œuvre en fachon de une fontaine
« d'argent dorée en aucuns lieux pesant 50 marcs d'argent
« ou environ ou sera emploié pour la fachon et dorrure
« 10 marcs d'argent ou environ. En laquelle fontaine y aura
« la fachon d'une licorne ou d'une cheraine d'argent, et que
« au piet dicelle fontaine aura aussi et seront les armes du
« Roy et de la Royne et au dessoubs celles de la ville em-
« maillés, affin que la dite Royne puit en gardant la dite
« fontaine avoir memore du dit don pour le bien dicelle ville,
« et que par aucun peintre le fera tirer en blanc ou en noir
« la dite fontaine par l'advis des dits peintres et des orfevres.

(C'est Regnart des Hosteux, orfèvre d'Amiens, qui a exécuté ce chef-d'œuvre et Richer Hauroie, peintre aussi
d'Amiens, qui a été chargé de faire le dessin sur lequel elle
a été exécutée.)

« Aux princes qui seront venus sera fait présent de vins
« selon qu'il sera ordonné.

« Pour fournir aux depenses la maison de Saint-Ladre
« d'Amiens donnera 200 livres, les blés et avoines de cest
« hostel seront vendus et ceux de la ville.

« On prendra 300 livres provenant de la vente d'un office
« de sergent à mache.

« Une grange et une maison rue de Baiart (rue des Bou-
« teilles) seront vendues.

« Une nouvelle délibération du 11 juin intervient, qui
« décide :

« Que l'on présentera au Roi, 12 ponchons de vin, 4 bœufs
« gras, 12 moutons gras et de la volaille ;

« A M. d'Orléans, 4 ponchons de vin, 2 de vermeil et 2 de
« clarot ;

« A MM. de Vendosme, de Foix, Loy de Luxembourg, de
« Guise, Deskerdes (1), au mareschal de Gyé, aux seigneurs
« du sang royal, une quenne et démie de vin d'Orléans,

(1) Deskerdes? En lisant ce nom d'après la transcription exacte faite par M. A.
Dubois sur les registres de la ville d'Amiens, les personnes peu habituées à l'histoire de notre province reconnaîtraient difficilement sous cette courte appellation,
le sire Philippe de Crèvecœur, l'une des plus grandes gloires militaires de la Picardie. Dans un volume in-8e paru en 1844 et intitulé *Mosaïque*, l'auteur, M. Cléon
Galoppe d'Onquaire, mort cette année (1867), fait naître Philippe de Crèvecœur à
Montdidier, (Voir *Mosaïque*, page 125). Nous ne savons sur quelle autorité cet
écrivain montdidérien s'appuie pour établir ce fait. Bien que M. Cléon Galoppe
d'Onquaire ait fait partie de la Société des Antiquaires de Picardie et même de l'A-
cadémie d'Amiens, nous pensons que l'amour de sa ville natale lui a fait légèrement
dire que Montdidier a été le berceau de Philippe de Crèvecœur. Si le fait avancé
par M. Galoppe avait été exact, il est certain que M. Victor de Béauvillé, qui
a sérieusement parlé des hommes illustres nés à Montdidier, n'aurait pas manqué
d'ajouter à la liste des célébrités de cette ville le nom de Philippe de Crèvecœur,
de ce grand général du parti des ducs de Bourgogne, et qui, après s'être rallié à
Louis XI, devint maréchal de France et membre du Conseil de régence pendant la
minorité de Charles VIII. Donc, ce n'est pas à Montdidier que naquit le maréchal

« Avant la ville il y aura mistères, chanchons, feux et
« esbatements, falos ardans la nuict par les carfours.

« 2 ponchons de vin seront placés à la porte de Montrescu
pour donner à boire à tous ceux de la garde du Roi.

« Les bannières de la ville seront plantées sur la porte
« Montrescu et celles du Roi sur la principale porte,

« Toutes les tours seront ornées des bannières des sei-
« gneurs accompagnant le Roi, en joieuseté de la ville. »

Cette entrée du Roi a coûté 2,000 livres.

XVIᵉ SIÈCLE.

1504. — Le roi vient à Amiens à son retour de Rouen.

On prétendait faire entrer d'avance dans la ville, pour
attendre le roi, la compagnie des gentilhommes commandée
par le comte de Ligne et la compagnie du maréchal de Gyé.

Mais Messieurs du corps de ville s'y sont opposés de toutes
leurs forces, attendu que, suivant ses priviléges, la ville
d'Amiens ne doit loger aucunes gens de guerre.

1507. — 12 septembre. — Première entrée de François
Halewin, évêque d'Amiens.

d'Esquerdes. La terre de Crèvecœur, dont il portait le nom et qui appartenait à son
frère aîné, se trouvait, il est vrai, dans le ressort du bailliage et de la prévôté de
Montdidier. De là, sans doute, l'erreur dans laquelle est tombé M. Galoppe-
d'Onquaire. Ceux qui ont spécialement étudié la généalogie de la maison de Crèvecœur s'accordent à reconnaître que Philippe de Crèvecœur d'Esquerdes est né à
Beauvais. Cet illustre capitaine mourut à La Bresle, près de Lyon, en 1494, au
moment où il accompagnait le roi Charles VIII, se rendant en Italie. Son corps,
embaumé à Lyon, fut en grande pompe transporté à Boulogne-sur-Mer, pour y être
inhumé dans l'église Notre-Dame. Ses armoiries étaient : *de gueules à trois chevrons
d'or, à un croissant d'azur sur la pointe du premier chevron.*

(Note de M. M.-A.-Gabriel Rembault.)

1508. — Décembre. — Georges d'Amboise, cardinal Légat, passe par Amiens.

1513. — L'armée anglaise débarque à Calais, après la ligue formée entre le roi Henri VIII, l'empereur Maximilien et Ferdinand, roi d'Espagne.

Louis XII vient à Amiens le 13 août 1513 ; tourmenté par la goutte, il s'y fait transporter en litière ; il est vêtu d'un habit appelé galbardine et coiffé d'une toque écarlate.

Ce monarque veille lui-même à la sûreté de la ville dans laquelle il réside, car le 12 septembre, 43 sols sont payés à Thomas Houbaine, patichier, pour dépenses effectuées au retour de la visitation faite de la muraille où le Roy nostre sire estoit.

Le 23 du même mois, il visite de nouveau la forteresse, car 69 sols 20 deniers sont payés à Guillaume Arthus, dit Guillot, patichier (1), pour dépenses faites à lostel de monsieur le maïeur, auquel jour après avoir este visiter les ouvrages de la dite ville mes dits sieurs festoyèrent messire Gabriel, capitaine des archers de la garde du Roy, le prieur du Roy, monseigneur de Saint-Martin et aucuns gentilhommes, lesquels avoient enseigné au maistre des ouvrages de faire bon mortier de *cauœ* estainte pour le prouffit de la ditte ville.

L'article de dépenses suivant fait aussi connaître le séjour du roi à Amiens :

« A Jehan d'Amiens 77 sols que mes dits seigneurs ont or-
« donné lui estre baillé pour avoir faict et livré pour la ditte
« ville une grant trompe de leston chaude dargent qui avoit
« ordonné estre faite pour sonner au beffroi les heures de la
« nuyct durant que le Roy estoit en la dite ville par mande-
« ment du 19e jour de décembre 1513. »

(1) Celui dont parle Rabelais.

Le jour de saint Firmin 1513, à la présentation des cierges pour le roi à la grand'messe à la cathédrale, le roi Louis XII était présent.

1515. — La reine Marie d'Angleterre, la jeune douairière de France, passa par Amiens le 19 avril, pour se rendre en Angleterre.

1516. — Novembre. — M. le duc de Longueville doit faire son entrée à Amiens, l'échevinage décide qu'on lui présentera des quatrains et sonnets qui seront composés par Raoul Dignouart et autres, à qui on accorde 6 livres sur leur requête.

1517. — 29 mai. — François Ier fit son entrée dans la ville d'Amiens sous un poêle de satin gris, le maïeur et anciens sires le portèrent tour à tour, vêtus de robe de livrée de damas gris, le prévost, les échevins et les officiers couverts de fin drap de même couleur.

Sa Majesté était accompagnée de la reine Claude de France, fille aînée de Louis XII ; Mme d'Angoulême, la mère du roi ; et Mme d'Alençon sa sœur, à qui messieurs de ville firent présent de 3 chefs de saint Jean-Baptiste de fin or, marqués au bas des armes du roi et de la ville, richement décorés à l'entour et esmaillez des histoires du saint, aux reliques duquel ils avaient esté fraîchement touchés. Le premier pour le roi pesait 3 marcs, celui de sa mère 1 marc et celui de sa sœur demi marc.

Ils restèrent jusqu'au 22 juin, jour auquel le roi s'embarque pour se rendre à Abbeville avec la reine (1).

On tira le canon pour la première fois (2).

On présenta au roi, 6 bœufs gras et 12 moutons, lesquels

(1) Manuscrit Machart.
(2) Daire, page 257.

furent fournis par Pierre Le Roy et Jehan Tattegrain, bouchers à Amiens.

1520. — Juin. — François Ier passe par Amiens avec sa femme pour se rendre à l'entrevue qui devait avoir lieu entre Ardres et Guisnes avec le roi d'Angleterre.

Comme leurs Majestés doivent prendre leur route pour Abbeville, on tapisse plusieurs bateaux dont les voiles étaient ornées des armes de France et de celles de la ville d'Amiens (1).

Jehan Carpentier, tapissier, a reçu 50 sols pour avoir rabillé et mis à point la tapisserie du roi, laquelle a servi aux basteaux.

Le roi repasse en juillet, on lui donne devant l'hôtel de ville le divertissement du mahonnage (bataille à coups de poings).

1521. — Les maïeur et eschevins vont en décembre au devant du roy lui faire reverence et lui porter les clefs de la ville, le roi revenait du camp de Valenciennes.

1524. — Le roi est à Amiens.

1526. — L'ambassadeur d'Angleterre passe à Amiens ; il est logé à l'hostel de la Forge, dit des Trois-Cailleux.

1527. — 27 juillet. — François Ier vient à Amiens en sortant de captivité ; il y reçut le cardinal d'Yorck que lui envoyait le roi d'Angleterre.

Le roi avait avec lui mad. d'Angoulême, sa mère, la reine de Navarre, François de Rohan, archevêque de Lyon, Charles de Rohan et plusieurs autres prélats et seigneurs (2).

1532. — Le roi et la reine ont passé quinze jours à Amiens.

(1) Manuscrit Machart.
(2) Manuscrit Machart, Daire, pages 258, 259.

1535. — Le roi et ses enfants sont à Amiens, François Ier reçoit le serment de Robert de Lenoncourt pour l'évêché de Châlons.

Une monstre d'armes eut lieu en juin 1535 au lieu que on dist le mont Saint-Denis, assez près de la porte de Paris, monstre triomphante et en armes de 500 hommes d'armes et 6,000 hommes de piet de la légion de Picardie, en laquelle monstre estoit pareillement en arme le roy nostre sire, messeigneurs les dauphins ducs d'Orléans et d'Angoulême, ses enfants; monseigneur de Vendosme, lieutenant et gouverneur pour le roy au dit pays, et autres personnes et seigneurs en grand nombre.

Des achats nombreux de munitions de guerre sont faits par la ville : piques, poudres, boulets de fer. Jacques Dufour, taillandier, est chargé par l'échevinage, le 2 mars 1535, de fournir 100 hallebardes aux armes de la ville moyennant 18 sols la pièce; la ville dépensa 1,196 livres, 1 sols, 4 deniers.

1536. — Au commencement de février le roi vient à Amiens, accompagné des rois d'Ecosse et de Navarre, de Martin du Bellay, prince d'Yvetot, et de plusieurs autres seigneurs (1).

1537. — 22 juillet — Le Dauphin, depuis Henri II, passe à Amiens, accompagné de Anne de Montmorency, qui commandait sous lui.

1537. — Décembre. — Le duc d'Orléans, lieutenant-général pour le roi en Picardie, fait son entrée à Amiens.

1538. — 9 décembre. — Entrée à Amiens de Charles Hemard de Denonville, soixante-dixième évêque d'Amiens. Il était évêque de Mâcon et cardinal, du titre de saint Mathieu.

(1) Manuscrit Machart.

1544. — Juillet. — A la venue du Dauphin à Amiens, le corps de ville fait confectionner 30 haut de chausses et 30 pourpoints qui sont donnés aux joueurs de barre, 10 aux couleurs du roi, 10 aux couleurs du Dauphin et 10 aux couleurs de M. de Vendosme.

Malgré toutes ces réjouissances, l'effroi est bien grand à Amiens: on redouble de zèle pour la construction des fortifications; le 10 juillet, il est publié que tous les habitants demeurant en ladite ville devront comparaître à l'hôtel de la ville dans les vingt-quatre heures pour faire connaître les provisions qu'ils peuvent avoir en blé, farine, avoine, orge, brazée et a brazer, vin, lars, chaire, sel, bois, fagots charbons et vergues, sous peine de confiscation, punition de prison et amende arbitraire; des commissaires sont nommés pour chaque paroisse.

Chaque habitant devra faire mouldre blé pour six semaines, afin de ne point empêscher la mouture du camp du roy.

Chaque habitant devra avoir sa provision de bastons et armures pour la deffense de la ville; les armures ne pourront être saisies ni vendues par exécution.

Il sera envoyé 30 arquebutiers à Corbye, car l'ennemi est aux environs de Monstrœul.

Les calices et ornemens appartenant aux confrairies seront vendus, pour être le prix employé aux fortifications, à charge d'en rendre compte. (Ils ont été vendus à Paris par Pierre Croquoison.)

200 bois de picques seront vendus des provisions de la ville à raison de 5 sols à ceux qui ne sont point embastonnés.

17 juillet. — 3 pièces de vin, 129 muis de blé sont envoyés à Corbie.

Les demeurans dans les faubourgs et banlieues sont tenus de travailler par corvée aux ouvrages et fortifications.

7 août. — Le pont de Duriame construit en grès cette année sera couvert de terre pour former plate-forme et terrasse.

5 pièces d'artillerie sont achetées par Vincent Collenot pour la ville à Rouen.

Michel Laloyer a achevé le rempart entre la porte de Noion et la tour Delahaye; il comprend 1,027 toises.

14 août. — On demande à messieurs du Chapitre de consentir que un com. encement de clôture en cuivre fait par les merchiers dans l'église Notre-Dame soit prise et appliquée à faire artillerie pour la deffense de la ville (ne l'ont pas obtenu).

On publiera que tous les demeurans au-delà de la rivière de Somme feront mettre leurs grains dedens les fors.

On fera prendre et lever en chácun village au-delà de la rivière de Somme où il y aura deux cloches l'une des dites cloches pour faire artillerie.

1547. — Dans l'échevinage du 12 août, on décide les mesures que l'on devra prendre pour la venue du roi qui doit faire son entrée le 17 ou le 18 de ce mois.

Il sera prié de entrer par la porte de Beauvais parce qu'elle est en meilleur ordre que la porte de Noyon.

(Il est entré par la porte Montrescu.)

Sera faict un palle de damas blancq et noir, quy sont les couleurs du roy, et franges de soye pour porter sur icelluy seigneur.

(Le 16 août, on décide que ce poële sera de velours noir et blanc, et qu'il sera enrichi de croissans de fil d'argent.)

On fera des théâtres et on représentera des mistères à la porte et dans les rues par lesquelles le roi doit passer.

Ces mystères furent composés par Antoine Lemaire et Jehan Obry, réthoriciens, auxquels on donne pour récompense 40 livres.

Il sera offert au roi, 8 pièces de vin, 4 blancq et les autres clairot, 6 bœufs gras, 12 moutons gras, 12 faisans, 12 hairons, 12 pans, 12 quos dinde, 6 aigrettes, 6 chines, 3 chignonnes, 6 douzaines de cailles, 12 gras chappons, 36 pertriaulx, 6 bitardes;

A M. le connestable	3 pièces de vin.
Le chancellier,	2
M. de Guise	1
M. le légat	1
Le cardinal de Loraine	1
M. d'Engien	1
L'archevesque de Rains	1
Le compté de Dompmalle	1
M. de Nevers	1

Aux maïeur et anciens mayeurs une robbe de damas noir, savoir : au maïeur, à Jehan de Saint-Fussien, Jehan de Rely, François Louvel, Jehan Forestier et Adrien Vilain chacun 12 aulnes.

Bernard Dault, Pierre Louvel et Philippe de Conty, chacun 10 aulnes.

Aux échevins une robbe de taffetas, à la charge d'assister à la dite entrée, savoir : à Jehan Aux-Cousteaux, prevost, Pierre Brahier, Jehan Le Roy, Jehan des Essars, Jehan Harlé et Nicole de Nibas, chacun 8 aulnes.

Antoine Lemaître, Jehan Ledieu, Pierre Caignet, Jehan Pinte et Antoine de Mouer, chacun 7 aulnes et demi.

Pierre Croquoison, François de Canteleu, Antoine Legrand, François Gaussans, Pierre Cosette, Michel Laloier, Pierre de Louvencourt et Nicolas Artheval, chacun 7 aulnes.

Le damas à 4 livres 10 sols l'aulne de Paris et le taffetas à 75 sols l'aulne de Paris.

Les ci-après nommés seront vestus de drap violet :

Nicolas de Saisseval, greffier conseiller ; Jehan de Noielle et Nicole Le Brun, avocats ; Nicolas Leclercq et Simon des Essars, procureurs ; Pierre Delesseau, greffier de la prevosté ; Fremyns Deslavier, receveur du domaine ; Pierre Carpentier, receveur des aydes ; Jehan de Marne, clerc des comptes ; Jehan Dainval, clerc des portes ; Jehan aux Cousteaux, commis à l'artillerie ; Philippe de Collemont, maître des ouvrages.

Le maître de l'artillerie mettra tout en ordre pour que ce soit en estat de tirer à la venue du roy.

Sire Bernard Daut, Jehan de Rely, Adrien Vilain, François Louvel, Jehan Forestier et Pierre Louvel porteront le palle sur le roy.

Les arbalestriers, archers, couleuvrinniers, joueurs d'espées et autres compagnies yront au devant du roi.

Les gens du roi recevront des présents en argent.

Les fourriers	10 escus.
Les trompettes	6
Les hérault d'armes	4
Les huissiers de la chambre	6
Les portiers de la salle	2
Les lacquets du roy	4
Les trompettes de la ville	1

On donnera, en outre, aux sergents à masche 16 livres pour eux 16.

Aux 24 sergents de nuit 12 livres, aux 4 sergents de la maison de ville 8 livres, à Jehan le Joeune, courrier, 1 escu.

1549. — 8 mai. — Edouard, roi d'Angleterre, rendit la ville de Boulogne au roi de France Henri II. Cette belle cérémonie se fit dans le chœur de la cathédrale, où tout au milieu fut élevé un pavillon et un prie-Dieu semé de fleurs de lys d'or à droite, et à gauche en était un autre orné à la mode d'Angleterre, semé d'argent et de sable, pour le roi Edouard.

L'évêque étant absent, M. de Lameth Henencourt, doyen du Chapitre, chanta la grand'messe au grand autel. A l'*Agnus Dei*, M. le doyen vint trouver le roi de France, comme aussi le roi d'Angleterre, en leurs places et au milieu des princes du sang, des ambassadeurs et des chanceliers de l'une et l'autre nation assemblés. Ces deux rois se jurèrent la paix en s'embrassant après la messe. Les trompettes annoncèrent l'évènement du haut du jubé au peuple réuni dans l'église.

La musique du roi assistait à cette cérémonie (1).

1551. — 15 mai. — Entrée du duc de Bourbon à Amiens, comme gouverneur de Picardie.

Entrée par la porte de Beauvais de monseigneur de Pellevé le mardi 15 août, la veille il avait couché à l'abbaye de Saint-Jean.

1553. — 23 août. — Le roi couche à l'abbaye de Saint-Jean, le 24 les maïeur et eschevins vont lui faire la révérence.

Défenses sont faites à qui que ce soit de la ville et étranger d'aller sur la forteresse.

M. de Vendosme était entré à Amiens pendant le séjour du roi à l'abbaye de Saint-Jean, ainsi qu'on le verra par l'article de dépenses suivant :

Août 1553, à Jehan Clabaut, sergent royal, la somme de 100 sols à lui ordonné pour avoir presté sept pièces de tapisseries à deux diverses fois pour tapisser la salle du logis des Trois-Cailloux, auxquels estoit logé monseigneur de Vendosme.

<hr>

(1) Manuscrit Machart, Daire, pages 253, 264.

Echevinage du 11 décembre 1557 : à la venue du duc de Guise, messieurs yront lui faire révérence à cheval, dehors la porte par où il entrera.

Les sergents à masse aussi à cheval et en robes, et pareillement tous les sergents de nuit armés et à pied.

Il lui sera fait présent d'une pièce de vin clairet et d'une pièce de vin blanc avec de la volaille visve et morte.

Nicolas de Nybat, procureur, le haranguera.

1558. — Le roi doit venir à Amiens le 23 août; dans l'échevinage tenu la veille, une grande discussion s'est élevée sur le fonctionnaire qui devra haranguer le monarque.

M. de Quiry est désigné, il n'accepte point; on nomme M. de Nibas, qui refuse, mécontent du choix fait de M. de Quiry; on désigne alors M. de Forestier, qui décline; M. de Scourion ne veut pas plus prendre la parole, disant que la harangue appartient aux avocats; en fin de compte, c'est M. le prévost qui en reste chargé.

Le roi séjourna pendant deux mois avec une grosse armée aux environs de la ville.

Pendant le temps de ce campement le roi fit des chevaliers de Saint-Michel, la veille de la fête de ce saint, dans l'église des Célestins.

L'échevinage du 27 août 1558 fait connaître que l'on offrit au sujet du passage du roi à Amiens une clef d'or à son capitaine de la porte :

« En la dite assemblée, Julien Legay, eschevin, a re-
« monstré que le cappitaine de la porte du Roy luy a dict qu'il
« se recommande à messieurs, et que en toutes bonnes villes
« où le Roy va et que le dit cappitaine de la porte faict sa
« première venue et entrée, les maïeur et eschevins d'icelles
« ont de coustume lui faire don et présent d'une clef d'or de
« la pesanteur de XII à XV escus, laquelle il pend à sa chaîne

« d'or, et moyennant ce quant ceulx des dites villes qui luy
« ont fait tel présent et don ont affaire au conseil privé il les
« recongnoit et les fait entrer au dit conseil ou bien les faict
« parler à ceulx estans au dit conseil de quy ils ont affaire,
« demandant le dit Legay à M. le maïeur s'il ne lui plaisoit
« point avoir sur ce les advis de messieurs et des anciens,
« présens en icelle assemblée, attendu que c'estoit la pre-
« mière fois que le dit cappitaine de la porte avoit esté en
« ceste ville depuis qu'il avoit esté pourveue d'icelle place.

« Sur quoy en l'advis des dessus nommés a esté ordonné
« et conclud qu'il sera faict don et présent au dit cappitaine
« de la porte du Roy d'une clef d'or de la pesanteur de 10 escus
« soleil que on lui fera faire par Jehan Randon, orfèvre, à
« icelle fin que le dit cappitaine de la porte ay ceste ville
« d'Amiens en recommandation. »

L'échevinage du 29 août 1558 mit le prix aux vivres pendant le séjour du roi :

Le lot de bon vin estrange	2 sols.	
Le lot de bon vin de Beauvoisis	»	18 deniers.
Le lot de bon vin de pays	»	12
Pain blanc de 9 onces, cuit	»	3
Bisette de 11 onces, cuite	»	3
Septier de blé froment,	15	»
Septier d'avoine	7	»
Journée d'un cheval (nourriture)	5	6
Picotins d'avoine	»	7
Livre de foing	»	1
Gerbes de paille	»	6
Livre de chandeilles	2	6
Livre de lard gras	2	6
Livre de lard maigre	2	»
Le fagot	»	6
La corde de bois	6 livres.	»

Pendant son séjour à Amiens, le 24 septembre 1558, Henri II fait don à Jean de Tournemyne, commandeur de Fieffes, des censes du Petit-Cercamp et Monregnault, » ayant égard aux grandes « pertes qu'il a faites au moyen de la guerre d'entre nous et « le Roy Philippe nostre ennemy, tant en aulcuns des mem- « bres de sa commanderie scituée au bailliage de Hesdin que « aultres ses biens meubles et héritages. »

1562. — Le 27 juillet, le cardinal de Bourbon, nommé par ordonnance royale datée du bois de Vincennes le 20 juil- let de cette année, vint à Amiens comme gouverneur et lieutenant-général de Picardie, le Chapitre lui présenta 6 quennes de vin et 6 pains.

1564. — Messire Antoine de Créquy évêque d'Amiens fit son entrée le 1er janvier 1564 et selon les manuscrits Machart le jour de Saint-Michel.

Il était parti de l'abbaye de Saint-Jean où MM. de la Ville l'étaient allé trouver tous en robes et à cheval assistés des avocats et procureurs de la ville et de la prévôté, des sergents à masse aussi à cheval portant les deux bannières de la ville, des sergents de nuit à pied, chacun la hallebarde à la main.

M. le maïeur descendu de cheval lui fit sa harangue en latin à laquelle il répondit de même.

Le corps de la justice alla pareillement au devant jusqu'au dit lieu, assisté de leurs officiers tous en robe et à cheval.

Là entre un grand nombre de noblesse qui l'accompagnait lui était à côté droit M. le comte de Chaulnes, M. de Mailly, gouverneur de Montreuil et un grand nombre de seigneurs du pays et des environs. (1)

Les gentilhommes, dames et demoiselles passèrent leur temps à danser dans la salle du haut de l'évêché après avoir dîné.

(1) Manuscr. Machart.

1565. — 20 juin monseigneur le prince de Condé, prince du sang, gouverneur et lieutenant-général de Picardie, a fait sa première entrée à Amiens par la porte Montrescu. (Il devait entrer par la porte de Noyon et loger aux Marconnelles.)

On fut au-devant de lui et il fut harangué par Me Guillaume Delessau, avocat de la ville, et lui furent présentées les clefs des portes et chemins.

Au-devant de lui et en pleine campagne, il y avait environ 11 à 1200 hommes en équipage garnis d'arquebuses, hallebardes et espées à deux mains conduits par Jehan Le Borgne, eschevin chef et par 4 sergents des bendes.

A l'approche de la porte Montrescu toute l'artillerie a esté déchargée de toutes pars.

A la porte Montrescu sire Raoul Forestier, Jehan Dippre, Pierre du Gard et Ant. Dardre anciens maieurs au nom du corps de la ville l'ont reçu sous un poële de damas blanc a frange de soie blanche et ayant les bâtons vernis de blanc, sous lequel poele il est resté jusqu'au logis des 3 Cailloux, où on lui a fait present de 2 pieces de vin, l'un blanc et l'autre clairet, 12 quesne dypocras moitié blanc moitié clairet, 2 cygnes, 2 faisans, 4 herons, 4 aigrettes, 4 buhoreaulx, 4 pallots, 4 gros chappons, 4 perdrix, 4 levraulx, 4 oisons gras, 4 pans, 2 coeqs d'inde, 2 douzaines de cailles, 6 tourtes, 1 petit faon de biche. Le tout présenté vivant en cage neuve qui ont été faite exprès.

Le cortège était composé de la manière suivante :

MM. du corps d'eschevinage, les anciens sires, advocats, procureurs, greffiers, receveurs, Me et controlleur des ouvrages, sergents à masse, trompette, herault et huissier de la ville tous à cheval et en robes hors la ville.

MM. accompagnés des sergents du guet de nuit à pied, la hallebarde au poing et ayant les sayes des couleurs de la ville. Tous les privilégiés tant du roy que de la ville, 2 hommes de chaque porte des plus jeunes et adroits, le plus grand nombre de jeunesse que l'on pourra trouver.

Au dessus de la porte où il doit entrer seront mises les armoiries du roy en hault, celles de monseigneur le prince un peu plus bas du cotté droit et celles de la ville du coté gauche toutes environnées de chapeaux de triumphe.

Autant sera fait à la porte principale du logis où il doit descendre.

Sera advise faire, quelque *Dictum* en son honneur et louange a la porte ou il entrera.

On repandra de l'herbe en son logis.

Les rues seront nettoyées et tendues le plus richement que possible.

1566. — Juin le roi vint à Amiens, les échevinages des 2, 3 et 30 mai règlent les dispositions pour cette entrée.

Guillaume Delessau fera la harangue au roi à la reine à M. d'Anjou et à M. le chancelier.

Le roi sera reçu sous un poele en crépine d'argent.

Les deux bannières de la ville seront refaites à neuf.

Six théâtres seront organisés pour la représentation des mystères pour lesquelles on doit s'entendre avec les réthoriciens.

Un théâtre sera placé entre les deux portes de Beauvais, un au puits des Wattelets un au coing de Sainte-Marguerite un au carefour de la Belle-Croix (place Périgord) un au coing de la fourbisserie (rue Basse Saint-Martin) près Saint-Martin et un devant Notre-Dame.

Le présent au Roi sera composé de 12 pieces de vin, 6 bœufs 12 moutons, 12 faisans, 12 hérons, 12 paons, 12 coqs d'Inde, 12 aigrettes, 6 cignes, 6 butoires, 6 cigognes, 12 gros chappons, 12 pallois, 6 douzaines de cailles, le tout dans des cages neuves faites exprès pour la présentation.

Le maieur et les anciens maieurs auront chacun 12 aulnes de Paris de damas noir pour faire une robbe.

Les echevins 8 aulnes de taffetas.

Les deux avocats, les deux procureurs, le conseiller, le greffier de la ville, le greffier de la prévoté, le greffier des comptes, le greffier des portes, le Me et le controleur des ouvrages, le receveur du Domaine, le receveur des aydes 4 aulnes 1/4 de drap violet.

L'artillerie de la ville sera mise en estat.

200 hommes vetus des couleurs du Roi incarnat bleu et blanc seront à cheval armés d'arquebuses.

M. de l'Estoille sera le chef de ces hommes.

Les sergents à masse seront à cheval avec chacun une masse d'argent et une robbe de 5 aulnes moitié pers moitié violet.

Les sergents de nuit s'y trouveront à pied avec leurs hallebardes.

On tendra les maisons de tapisserie et des herbes et fleurs seront repandues sur le parcours du cortège.

A l'occasion de cette venue du roi et dans l'échevinage du 24 octobre on accorde à Zacharie de Scellers peintre 15 livres pour les dessins portraits et vacations par luy faites pour les préparatifs de l'entrée du Roy.

Plus 15 livres pour avoir nettoyé rellavé et painct d'azur, la cheminée de la chambre du conseil et fourni 56 fleurs de lys de plomb doré et rellavé et verni deux grands tableaux d'icelle chambre du conseil de l'image Notre-Dame y estant avec les anges paincts pres de cette ymage et fourni les matières.

1571. — jeudi 5 juillet M. le duc de Longueville gouverneur de Picardie fit sa première entrée à Amiens par la porte de Beauvais.

Le maïeur assisté des anciens maïeurs, échevins, avocats, conseillers, procureurs, greffiers, receveurs, sergents à masse, tous à cheval et en robe les sergents du guet de nuit à pied garnis de leurs hallebardes sont allés lui faire la reverence dehors la porte.

On lui fit la harangue et on lui présenta les clefs de la ville portées par l'huissier lesquelles ont esté par lui receus et les a fait faire la garde par le capitaine de ses gardes ce qui n'avait oncques esté veu parce que de tous temps tous les rois et gouverneurs du pais ne les avoient vollu recevoir et avoient toujours icelles délaissé à mes dits sieurs pour en faire bonne garde.

À son arrivée en ville il a été tiré 10 à 12 coups d'artillerie.

Madame est ensuite descendue à lhostel Sainte-Barbe (place Périgord) ou MM. avoient faict preparer les chambres et le rester afin que de la elle eust le moien de voir arriver mon dit seigneur et la manifisence de son entrée.

Après la harangue du maïeur Me Vincent Le Roy président et lieutenant civil au bailliage d'Amiens assisté de MM. les lieutenants criminel et particulier, conseillers, sergents et officiers de siège du dit bailliage, a chacun d'eulx fait pareillement la harangue.

Il fut reçu sous un poole de damas rouge a franges de soie rouge et baton de même couleur porté par MM. Jehan Dippre, Etienne Cardon, Nicolas Croquoison et Nicolas Aux Cousteaux anciens maïeurs.

M. de Longueville n'a point voulu se placer sous ce poole mais l'a fait porter devant lui.

Pour certaines dispositions l'échevinage s'exprime ainsi :

« Sera mis aux champs 1200 portiers et 2 ou 300 picquiers
« en bastillon carré avec enfants perdus harquebusiers qui
« escarmoucheront ceux du grand bastillon pour en donner
« plaisir et en faire ung salve lorsque monseigneur passera
« près diceulx.

« M⁰ François Gauguier sera chef et colonel de la troupe.

« Seront sergents majors :

« Simon de Bru, Baude Caverois, Martin Carpentier et
« Robert Boivin.

« A la porte de Beauvais par laquelle il doibt entrer se-
« ront mises en deux endroicts les armes du Roy de mon
« dit seigneur et de la ville d'Amiens environnés de chap-
« peaux de lierre et a la principale entrée entre les dites
« armes sera mis escript en un table datente ung catrain
« à son honneur et louenge. »

« Seront mises semblables armoiries au puis des Wattelots
« au puis du devant de la rue des Cordeliers, Bellecroix
« Chastelet et haulte rue Notre-Dame et seront les pilliers
« des dits puis armes et couverts de lierre et de may.

« Au logis des 3 Cailloux ou ils logeront aux deux portes
« de devant et derrière seront mises les armoiries du Roy,
« de M. le duc et de madame la ducese sa femme et pareille-
« ment dedans la grande chambre et salle ou ils coucheront.

« On fera présent à M. et à madame de Longueville de 2
« poinçons de vin clairet 2 barriques de vin blanc, 12 quesnes
« d'ipocras tant blanc, clairet que vermeil, 2 cignes, 2 pans
« et panesses 2 cocq et 2 poules dindé 6 faisans 6 herons 6
« buheraux 6 halbrans, 3 butoirs, 4 pallots, 2 douzaines de
« cailles 1 douzaine de ramereaux 1 douzaine de tourtes, une
« douzaine de pigeons, 6 chappons 6 oisons gras, 12 poul-
« lettes à fleur 8 lapins de garenne 8 levraux 1 douzaine de

« perdreaux, 1 douzaine de poullets caillerets 6 gros poul-
« lets d'inde et 2 cabris.

« Et le vendredi à madame la duchesse.

« 6 gros brochets, 6 grandes carpes, ung saumon frais et
« deux truites.

« Et adfin quelle ait mémoire de la ville d'Amiens vers
« laquelle elle s'est toujours monstrée affectionnée, luy sera
« faict présent d'un chef de Saint Jehan d'or, du poix de 6
« écus (1) ou seront compriuses les armes et devises de la
« ville et sera le dict présent touché au réliquaire de chef de
« Saint Jehan-Baptiste avant que de lui présenter. »

A son entrée à la porte de Beauvais un simulacre de com-
bat fut livré par les arquebutiers aux enfants perdus qui ri-
postèrent au grand plaisir de monseigneur de Longueville
qui tourna tout à l'entour de la troupe avec ceulx de sa suite,
tous lesquels firent grand cas de la dite infanterie.

Il fut reçu au grand portail de Notre Dame par M. le cardinal de Créquy évesque et MM. du chapitre qui le condui-
sirent au chœur ou on chanta le *Te Deum*.

Après le *Te Deum* le capitaine des gardes de monseigneur
est venu rapporter les clefs de la ville au maieur.

La ville fit encore present d'une chaine d'or, pour tourner
4 ou 5 tours au tour du col, de la valeur de 100 escus à monseigneur de la Barge l'un des premiers gentilshommes du duc.

Quelque bague ou couppe dargent de la valeur de 10 escus
au capitaine des gardes pour avoir gardé et rendu les clefs
de la ville.

8 escus aux marechal des logis et fourriers de monseigneur.

3 escus aux laquets de M. et madame.

1 escu au portier.

(1) Il fut exécuté par Etienne Becquet, orfèvre à Amiens.

1572. — L'amiral d'Angleterre arrive à Amiens en juillet il est logé dans la maison des 3 Cailloux.

1573. — 4 novembre. — M. de Crèvecœur entre à Amiens en qualité de lieutenant général pour Sa Majesté en Picardie (1).

Il est descendu au Batoir rue et près des Jacobins.

1574. — Le prince de Condé arrive à Amiens au même titre de lieutenant général le 23 mars.

A son entrée les six sergents des bandes étaient habillés en taffetas de couleur colombin et jaune.

4 trompettes en taffetas violet.

(1) Il s'agit ici de François Gouffier, seigneur de Crèvecœur, de Bonnivet, de Thoix, Beaudéduit, Courcelles-sous-Thoix, Olloy, Neuville-sur-Oudeuil, Rotangy, Hesmécourt, Humermont, Juvignies, Verderel, Maisoncelles, etc. Toutes ces seigneuries, à l'exception de celle de Bonnivet, étaient situées en Picardie, entre Amiens et Beauvais. François Gouffier était fils du fameux amiral de France Bonnivet, tué à la bataille de Pavie, en 1525. Sa mère se nommait Louise de Crèvecœur, et c'est par elle qu'il hérita, dans notre province, les riches domaines que nous venons d'énumérer. Il fut lieutenant-général en Picardie. Sa longue carrière, sa bravoure, son sens droit et juste, avaient fait de lui un personnage considérable dont les conseils étaient suivis avec empressement. Les Abbevillois, pendant les troubles de religion, eurent souvent recours — ainsi que l'a dit M. Ernest Prarond, dans son *Histoire de la Ligue à Abbeville* — aux lumières de François Gouffier. Un de ses fils, Henry, fut en 1589 assassiné à Breteuil, par Florimond de Halluin. L'assassin était cousin germain de la victime. La tête d'Henry fut tranchée, ses oreilles coupées pour en avoir les pendants, les doigts arrachés pour en voler les bagues. Puis, ses restes furent abandonnés dans un bois et dévorés par les loups. Voilà ce que François Gouffier, le vieux seigneur de Crèvecœur, eut à souffrir comme père, au moment de la sainte Ligue.

Ce vieillard, abreuvé de chagrins, mourut le 24 avril 1594 et fut enterré à Crèvecœur. Il portait : *D'or, à trois jumelles de sable.*

(Note de M. M.-A.-Gabriel Rembault.)

Le prince a logé à lhotel des 3 Cailloux et la princesse à Sainte-Barbe.

La musique se composait de gros tambours et fiffres.

Pour le repas Jehan de Paris peintre avait peint les armes du Roi du prince de la princesse et de la ville sur 8 plats de gellée.

1577. — 25 mars. — Entrée de monseigneur Geoffroy de la Martonnie évêque d'Amiens.

1579. — Dans l'échevinage du 24 septembre il est décidé qu'il sera mis aux fossés de la ville jusques à 3 paires de cignes moitié masles moitié femelles a ce que l'on puisse avoir des petits et que commodément lon en puisse recouvrer pour en faire présent aux princes et seigneurs quant MM. en auront besoin.

1582. — 4 juillet. — Le frère du Roi vient à Amiens.

1587. — 28 avril. — Entrée de M. de Nevers comme lieutenant général du Roi.

1588. — 22 septembre. — Entrée à Amiens par la porte Montrescu de M. le duc de Longueville gouverneur de Picardie, laquelle entrée fut fort belle en luy faisant grand honneur. (1)

Le 20 décembre de la même année, M. le maieur dit à l'échevinage qu'il a été adverty que madame de Longueville mère de monseigneur le duc de Longueville gouverneur de Picardie vient demain en cette ville et à ceste fin a faist assembler MM. pour sçavoir quel accueil il lui sera faict. Pourquoy prins les advis de MM. il est advisé que incon-

(1) Manuscrit de Jehan Patte, page 41.

tinent son arrivée MM. lui feront la reverence à son logis et qu'il lui sera faict présent de 4 quesnes d'ipocras deux blancq et deux clairet et 6 quennes de vin,

Et a M. le comte de Saint-Pol que lon dict venir avec elle lui sera faict présent de quatre quennes de vin.

Et affin que la porte soit bien garnye lors de leur arrivée en la dite ville a esté ordonné qu'il sera posé à la porte de Beauvais trente hommes des compagnies privilégiées de la dite ville.

Elle fit son entrée le lendemain jour de Saint Thomas.

1589. — 2 mars. — Entrée à Amiens par la porte Beauvais de M. le duc d'Aumale chef de la Ligue ; on alla le joindre en dehors des portes, il refusa de se mettre sous le dais qui lui fut présenté.

M. du Maine (le duc de Mayenne) fait son entrée comme lieutenant de la couronne de France le 24 octobre 1589. (1)

1592. — 20 janvier. — Le duc de Guise qui s'était échappé des prisons de Tours vient à Amiens.

1594. — L'entrée d'Henri IV à Amiens va être précédée et suivie d'une série de délibérations de l'échevinage qu'on ne peut rendre qu'en leur conservant toute leur naïveté et le cachet du temps. Je ne ferai donc que copier jour par jour ces délibérations, tant celles qui concernent l'entrée du Roi que celles qui pourront donner quelques explications sur la position de la ville à l'époque qui a précédé la surprise d'Amiens par les Espagnols.

Le vendredy, douzième jour d'aoust mil cinq cent quatre-vingt-quatorze, en la chambre du conseil de l'hostel commun

(1) Manuscrit de Jehan Palle, page 58.

de la ville d'Amiens, où estoient assemblez sire Anthoine de
Berny, maieur; sire Jehan de Collemont, ancien maieur;
Nicolas Randon, prevost; M⁰ Jehan Bauduin, M⁰ Claude
Pécoul, Louis Petit, François Le Bon, M⁰ Jehan Potel, Au-
gustin de Louvencourt, Gérard de Colbert, Jehan Delattre,
M⁰ Jehan de Morlencourt, Lois de Villers, Toussaint Baude-
locque, Jehan Carpentier, Jacques Cornet, Charles de Sachy,
François Aguesseau et Jehan Ducrocquet, eschevins; M⁰ Ni-
colas Lescellier, procureur fiscal; et Charles Delessau,
greffier,

Monsieur a dict que le jour d'hier estant à l'evesché avec la
pluspart de MM., où estoit monseigneur de Humières, lieutenant-général en ceste province, il fut depputé sire Anthoine
Gouger, ancien maieur, et M⁰ Claude Pécoul, eschevin, pour
aller vers le roy et luy présenter au nom de la ville toute
obéissance, et neantmoings il a esté adverty que plusieurs
habitants murmurent de ce que le dit Pécoul est depputé
n'estant la cause, si ce n'est pour ce qu'il a esté au conseil de
M. le duc d'Aumale. A ces causes, le dit sieur maieur auroit
prié la compagnie d'adviser s'il en seroit depputé quelque
autre au lieu du dit, ou si le dit Gouger ira seul, sur quoy a
esté advisé qu'il sera depputé en ceste assemblée quatre de
MM. les eschevins pour faire le voyage.

Et en l'instant de ceste délibération est entré en la dite
chambre du conseil monseigneur de Humières, auquel a esté
dict par M. le maieur que MM. avoient délibéré de nommer
quatre d'entre eulx pour faire le voiage. Ce oyant par mon dit
seigneur, il auroit prié MM. d'eulx contenter du dit Gouger et
que luy seul suffiroit pour faire ce voiage. Et s'estant mon dit
seigneur de Humières retiré, MM. se sont entretenus en ceste
première délibération et ordonnent que mon dit seigneur de
Humières sera supplié le trouver bon. Ce faict, ils ont nommé
sire Anthoine Gouger, Jehan Cordelois, M⁰ Jehan Potel et
François Aguesseau eschevins.

Et pour exercer la charge de cappitaine du guet en l'absence du dit Cordelois, Jacques Cornet, eschevin, a esté commis et depputé.

Le dict jour après disner, en la chambre du conseil de l'hostel commun de la ville d'Amyens, où estoient assemblez sire Anthoine de Berny, maieur; sire Jehan de Collemont, ancien maieur; Me Jehan Bauduin, Me Claude Pécoul, Lois Petit, Me Jehan Potel, Jehan Cordelois, Guillaume Cadot, Jehan Delattre, Me Jehan de Morlencourt, Lois de Villers, Toussaint Baudelocque, Jehan Carpentier, Jacques Cornet, Charles de Sachy et Jehan Ducrocquet, eschevins présents; Charles Delessau, greffier.

Après que MM. ont esté asseurez de la part de monseigneur de Humières, lieutenant-général pour le Roy en ceste province de Picardye, que sa majesté entend faire son entrée en ceste ville mardy ou mercredy prochain, et qu'il a esté veu en ceste assemblée ce qu'il fut advisé pour l'entrée du roy Charles neuviesme que Dieu absolve en 1566 et autres mémoires dressez au dit temps, MM. ont ordonné ce qui suit :

Premièrement, que sa majesté sera supplié de faire son entrée par la porte de Beauvais, ce que monseigneur de Humières, lieutenant-général pour le roy en ceste ville, sera supplié luy faire trouver bon, et, pour en parler à mon dit seigneur de Humières, le procureur fiscal et le greffier de la dite ville ont esté commis et depputez.

Que M. le maieur fera la harangue au Roy, et sy M. le chancelier est à la suite de sa majesté le procureur fiscal de la dite ville, au nom de la ville, luy fera la harangue.

Il sera faict ung poille de sattin blancq enrichy d'or ou d'argent le plus magnifique que l'on pourra.

Après avoir veu les bannières de la ville a esté ordonné qu'elles ne seront changées.

L'on fera des théâtres, sonnets et quadrains le plus que l'on pourra, pourquoy faire l'on s'aydera des préparatifs quy avoient esté faictz du temps du feu roy Charles neufiesme, et pour tenir la main et ordonner des dits théâtres et quadrains, M⁰ Claude Pécoul, Guillaume Cadot, Jehan Delattre et Jacques Cornet, eschevins, ont esté commis et depputez. Lesquels emploieront tel nombre de peintres et ouvriers qu'ils verront bon estre et communiqueront avec les rétoriciens pour adviser des histoires qui seront représentées aux dits théâtres.

Sera faict présent au Roy de 6 pièces de vin, 2 de blancq, 4 clairet du plus excellent que l'on pourra recouvrer, pour faire lequel présent et plusieurs autres qu'il conviendra faire sera achepté jusques à 20 pièces du meilleur; pour faire lesquels achapts ont estés commis sire Jehan de Collemont, Lois Petit et le maistre des présents.

Sera aussi faict présent au Roy de la vollaille qui enssuit.

Savoir : 6 faisans, 6 hérons, 6 paons. 6 cocqs dinde, 6 égrettes, 6 cignes, 6 butoirs, 6 cigognes. 6 douzaines de cailles, 6 gros chappons, 3 douzaines de perdreaux, 3 douzaines de bécacines, 12 levreaux, 12 lappins. Le tout du plus beau et exquis que faire se pourra, et que recouvrer et plus s'il s'en recouvre, dont sera donné charge à Mathieu de Morsies, pâticier, et pareillement pour faire le bancquet de la ville le jour de la dicte entrée.

Pour mettre les dits présents seront préparées des caiges neufves et a esté donné charge au maistre des présents de les faire faire, et pareillement faire faire les quesnes de fin estain à pied pour mettre les essaiz du vin qui se présenteront par pièces.

A esté advisé que M. le maieur et MM. les antiens maieurs auront chacun douze aulnes de Paris de damas noir pour faire une robbe à la dite entrée.

Les eschevins de la dite ville chacun huict aulnes de taffetas et les officiers de la dite ville cy-après nommez chacun

4 aulnes ung quart de drap violet, assavoir : M° Nicolas Le Sellier, procureur fiscal; M° Vincent Boullanger et M° Nicolas Roche, advocats; M° Anthoine Marcotte, conseiller; Charles Delessau, greffier de la ville; Anthoine Castelet, procureur; Jehan Laloyer, greffier de la prevosté; Jehan Leclercq, greffier des comptes; Charles Ricard, greffier des portes; Nicolas Bourgeois, maistre des ouvrages; Claude des Essars, controlleur des ouvrages; Melchior Guérin, receveur du Domaine; et Philippe Quignon, receveur des aydes.

Le tout aux despens de la ville, ainsi qu'il est acoustumé; pour faire les achapts desquels draps de soie et draps de laine a esté commis Jehan Sagnier, Charles de Sachy et Jehan Ducrocquet, eschevins.

Et a esté ordonné que sire Adrien de Marouel (de Mareuil), antien maieur et conseiller au bailliage d'Amyens ira et marchera à la dite entrée avec MM. les antiens maïeurs et non avec M. le bailly d'Amyens ou son lieutenant, autrement qu'il ne luy sera baillié aucun damas pour faire une robbe; et s'il promest ce faire et qu'il ne le face point, il sera contre luy répété la valleur du dict damas.

Sera l'artillerie esquipée et mise en bon estat, et pour ce faire les maistre et controlleur de l'artillerie ont esté commis et depputez.

M. le maieur mandera les maistres et princes des compaignies de la dite ville, tant de par le Roy que de par la ville, et leur commandera deulx équiper et armer suffisamment à la dite entrée, et d'aller visiter es maisons des dits privilégiez sçavoir s'ils sont suffizamment et en bonne couche.

Qu'il sera commandé à la jeunesse d'aller en armes au devant de sa majesté, et pour les conduire MM. ont esleu M° François de Louvencourt, sieur de Vausselles.

Et sera advisé avecq monseigneur de Humières, lieutenant-général en ceste province, quel nombre d'habitants portiers l'on fera sortir hors de la dite ville au devant du Roy.

Et pour chef et conducteur de toute la troupe, M° Jehan Cordelois, eschevin et cappitaine du guet de la dite ville, a esté commis et depputez.

Seront mandez les sergents à masse et à eulx sera enjoinct eulx trouver à la dite entrée à cheval avec leurs robbes de couleur et leurs masses d'argent.

Sera aussi enjoinct aux sergents de nuict eulx trouver à la dite entrée avec leurs sayes et leurs hallebardes.

Et générallement tous les officiers de la ville qui ont accoustumé d'avoir robbes au jour de l'Assention seront advertiz eulx trouver à la dite entrée avec les couleurs de la ville.

Il sera faict visitation des murailles pour les faire nectoyer, des ponts-levis, des portes et tappeculs, des grilles.

Les ponts, vergnes et puchoirs devant la ville, pour ce faict faire besongner aux choses plus necessaires et en dilligence.

Pareillement, les bois percés (latrines) et ouvroirs soubs terre de thanneurs et les abruvoirs.

Sera aussy faict visitation des ruynes apparentes et cheminées dangereuses pour le feu.

Et des venelles de celiers qui entreprenent sur le flegard et sera donné ordre de les faire couvrir, et que les puis communs des rues soient entretenus de seaulx à soues.

Et pour ce faire, ont esté commis aux dites ruynes apparentes les maistres et controlleurs des ouvrages.

A esté donné charge aux maistre et controlleur du pavé de faire remplir les ourdières qui sont es rues et spéciallement aux endroicts deppavez pour en garnir les barricades le jour de la réduction de ceste ville en l'obéissance de sa majesté, et depuis la porte de Beauvais jusques au palais épiscopal.

Sera tenu la main à ce que le barotier face son devoir de nétoier la ville et ne vacquer à autre chose avec ses deux chevaulx et blencaux, et seront racoustez les chemins des ramparts et entrées d'iceulx, et les immondices y estant, recouvertes.

Le dit jour de la dite entrée sera commandé à tous habitans demeurans es rues par où passera le Roy de tendre le devant de leurs maisons de tapisseries et autres choses honnestes, et de nectoyer et tenir nect le devant de leurs maisons, et y répandre herbes et fleurs ; qu'il sera faict un bon nombre de tourteaux pour les bailler partout où il y a fallot, lesquels fallots seront visitez.

MM. les antiens maieurs ont esté ois et depputez d'entre eulx pour porter le poille qui sera présenté au Roy à son entrée en ceste ville.

Que les gardes seront doublés à l'entrée de sa majesté.

Qu'il sera publié deffenses de tenir pourceaulx dans les rues.

Que le guet de nuict de la dite ville sera mandé et adverty que le Roy estant en ceste ville il n'ayt à sonner l'alarme et au feu sans advertir M. le maieur.

Qu'il sera mis taxe aux vivres, et pour en faire information précédente, François Lebon, Me Jehan de Morlencourt et Lois de Villers, eschevins, ont esté commis et depputez.

Que les bouchers seront advertiz eulx pourveoir de chair et les boullengers de farine, les brasseurs de bonne bierre.

Il sera donné ordre à ce qu'il n'y ait aucun pauvre mandiant par la ville.

Toussaint Baudelocque et Jehan Hémart, eschevins, ont esté commis et depputez pour assister les fourriers du Roy à faire les logis des princes et seigneurs qui l'assisteront.

Ensemble pour advertir les clercqs des paroisses pour faire sonner toutes les cloches à la venue et entrée du Roy, quant ils orront l'artillerie, donner semblablement celles de Notre-Dame et du beffroi.

Et qu'il sera advisé quelz présent l'on fera aux fourriers du Roy et autres officiers de sa majesté, ausquels a esté accoustumé faire present aux entrées des Roys.

17 août. — A l'arrivée de messeigneurs les princes de Longueville, de Conty et MM. les admiraulx de France, MM. iront en corps les saluer.

Deffenses seront publiées à toutes personnes de tirer arquebuzes lors de l'entrée du Roy qu'il ne soit passé au moing de 50 pas, comme aussi de charger à plomb et de porter aucune balle.

18 août. — Le Roy ayant manifesté l'intention que le duc de Longueville entre à Amiens, on avait supplié le Roy de ne point persister, et Anthoine Gouger fut député; il revient avec cette réponse que le Roy le fera entrer avec lui et qu'il auroit fort agréable que MM. envoyassent quelqu'un vers mon dit seigneur pour lui dire qu'il seroit le très bien venu dans ceste ville.

A esté ordonné que Augustin de Louvencourt, eschevin, et Jacques Cornet, aussi eschevin, se transporteront présentement à Saint-Fussien, où sa majesté doibt disner, et lui diront de la part de mes dits sieurs que mon dit seigneur le duc de Longueville sera le bien venu en ceste ville, comme aussi ils en diront de mesme à mon dit seigneur de Longueville, auquel sera escript de la part de mes dits sieurs.

Le dict jour 18 août 1594, le Roy Henry, quatriesme de ce nom, Roy de France et de Navarre, a faict son entrée en ceste ville d'Amiens par la porte de Beauvais, et ont MM. les eschevins et officiers de la ville esté au devant de luy à cheval jusques environ ung quart de lieue auquel lieu ils ont mis pied à terre, et à M. le maieur faict la harangue à genoulx à sa majesté, après laquelle sa dite majesté a promis oublier tout le passé, et de conserver les priviléges, franchises et libertés des habitants et de les augmenter en ce qu'il porroit

Ce faict, M. le bailly d'Amiens, assisté de MM. les lieutenants civil et criminel au dit bailliage, ont salué sa majesté et luy a esté faict la harangue par M. le lieutenant-général. Ce faict, sa majesté a faict son entrée en ceste ville et est descendu dans l'église Notre-Dame, où il a esté receu par le clergé, en laquelle église, au même instant et en la présence de sa majesté, a esté chanté le *Te Deum Laudamus*.

Laquelle entrée a esté faicte avec grande joye et applaudissement du peuple, qui crioit continuellement *vive le Roy* aux endroicts par où sa majesté passoit.

Tous les impôts ont été levés à la venue du Roi, et par lui.

La ville d'Amiens s'est ruinée par les emprunts successifs qu'elle a dû contracter, ses finances sont dans un état de délâbrement complet. On décide, le 20 août, que l'on demandera au Roy d'accorder à la ville de lever 2 escus sur chaque tonneau de vin qui entrera en ceste ville.

22 août. — Le Roy ordonne la sortie de la ville de 6 échevins et en nomme d'aultres à leur place. On va trouver M. de Longueville pour qu'il obtienne de sa majesté la révocation de cette décision, et au cas où il voudroit la sortie des 6 échevins, qu'il laisse achever l'année aux échevins restant sans en nommer d'autres, offrant leur démission et priant de renouveller la loi de suite.

M. de Longueville s'est transporté aux Célestins, où étoit le Roy, et a obtenu que les 6 eschevins sortiront, mais qu'il n'en nommera pas d'autres pour les remplacer.

Le prévôt Nicolas Randon (1), Jehan Delattre et Jehan

(1) La famille Randon de Campreux, aujourd'hui éteinte, paraît à Amiens dès le xv⁰ siècle. Les membres de cette famille, pendant les guerres de religion, embrassèrent le parti de la Ligue. Michel Randon, fils d'un autre Michel Randon qui avait été député aux Etats de Blois en 1588 et qui avait été prévôt royal à Amiens

Boitel ont dû sortir de la ville, en vertu de l'ordonnance du Roi.

25 août. — Par le même ordre, on change les cappitaines et chefs des portes.

23 octobre. — Arrivée de M. et de Mme de Longueville; ils sont logés dans l'hotel des Trois-Cailloux.

23 octobre. — On paiera l'habillement de velours de Toussaint Baudelocque, colonel des habitants lors de l'entrée du Roi.

Pierre de Famechon est nommé maïeur.

en 1579, quitta cette ville en même temps que Nicolas Randon. Il se retira à La Vacquerie, village situé entre Conty et Grandvilliers. Il possédait dans ce pays le fief de Campreux, qui lui était venu par son mariage avec Françoise Gauguier, fille et héritière de François Gauguier, sieur de Campreux et maïeur d'Amiens en 1573 et en 1577. Les descendants de Michel Randon continuèrent à habiter presque toujours La Vacquerie, jusqu'au moment où cette famille s'éteignit dans la personne de Jacques-François Randon de Campreux, décédé en ce village, le 20 décembre 1743. Sa fille, nommée Marie-Élisabeth Randon de Campreux, avait épousé, le 30 juin 1727, Me Gabriel Rembault, notaire royal à Offoy, bisaïeul de l'auteur de cette note. Les Randon de Campreux possédaient encore à Amiens, dans le cours du XVIIe siècle, un hôtel situé rue du Beauregard (actuellement rue des Trois-Cailloux) et voisin du Logis-du-Roi. Leur manoir de La Vacquerie, village dont la seigneurie appartenait au Chapitre d'Amiens depuis l'an 850 par donation d'Angilvin, comte d'Amiens, consistait en une maison sise sur la place, près de l'église. Nous avons remarqué dans la pièce principale de cette habitation une cheminée sculptée dont le chambranle est orné d'une tiare papale. Cet ornement prouve quels étaient les sentiments religieux de ceux qui demeurèrent en ce logis, sentiments dont leur adhésion à la Ligue est une manifestation bien claire. Les armoiries des Randon de Campreux se trouvaient sur les cloches de l'église de La Vacquerie; mais, à l'époque de la Révolution, les républicains de ce village martelèrent ces armoiries, croyant sans doute par là faire une grande conquête dans le champ de la liberté. Une généalogie manuscrite de la famille de Louvencourt, famille alliée aux Randon de Campreux, contient leurs armoiries, qui sont d'argent, à un échiqueté de 12 pièces d'or et d'azur posé en cœur, et une triple branche de lys feuillée et fleurée au naturel, brochant sur le tout. La généalogie en question appartient à M. de Louvencourt, d'Abbeville.

(Note de M. M.-A.-Gabriel Rembault.)

3 novembre. — Le pont à vaches sera refait.

17 novembre. — Jehan Potel, revenant de la cour, fait connaître qu'il a obtenu du Roi défense de faire exercice de la religion réformée à Contre.

24 novembre. — Sur ce qui a esté dict que dans l'abbaye de Saint-Jehan-lès-Amyens il se faict plusieurs assemblées de personnes suspectes au service du Roy et qu'il en est arrivé des querelles et débats, a esté ordonné que le prieur de la dite maison sera mandé et luy sera faict deffense de permettre à aucuns habitants de la ditte ville de coucher dans la dite maison sans la permission de MM. Et sera enjoinct à ceulx qui y sont logés d'en sortir dans le jour à peine d'estre déclarés de bonne prise.

1595. — Le Roy voulant établir des tailles importantes sur les marchands de la ville, dans l'échevinage du 25 février, Anthoine Gouger, Adrien de Mareuil, Robert le Coureur et Augustin de Louvencourt iront vers lui pour le prier de décharger la ville de tous impôts ; que s'il ne veult, ils offrent quelque somme d'argent.

Voici les instructions qui leur ont été données :

« Représenteront à sa majesté les devoirs des Roys envers
« leur poeuple.

« L'affection particulière des Roys de France envers le
« poeuple de leur royaume.

« Nos priviléges acquis par le sang et devoirs de nos pré-
« décesseurs quy nous rendent plus recommandables que les
« autres villes de ce royaulme.

« La promesse à nous faicte par sa majesté lors de la réduc-
« tion de ceste ville à son obéissance.

« Le devoir qua faict le poeuple de ceste ville lors de la
« réduction sans y avoir espargné son sang et ayant

« MM. de Mayenne d'Aumale sur les bras, ce qui n'est aussy
« commun aux autres villes.

« La pauvreté de ceste ville, tant du simple peuple qui
« estoit tout privé de manufacture de la layne, des marchans
« auxquels le trafic est interdict que des rentiers et des bour-
« geois desquels le revenu est perdu.

« L'assiette de ceste ville exposée à tous les malheurs de la
« guerre, les grandes fatigues du poeuple qui faict la garde à
« ses dépens et en est de 5 jours en 5 jours soit à la porte,
« resveil, guet, patrouille, garde stationnaire et autres, et qui
« ne couste rien au Roy et est relevé par ce moyen de plus
« grandes dépenses qu'il ne tireroit de proflict s'il entretenoit
« garnison à ses despens.

« Le grant repos, au contraire des autres villes.

« La misérable condicion de ceste province, les ennemis
« estant tous les jours à nos portes présentement.

« Le peu de profflit que tirera sa majesté de l'impost de ceste
« ville ayant notamment esgard qu'il a promis d'en quitter
« la plus grande partie, comme de ce qui se porte à bras et
« autres choses semblables, et nous donner ung tiers du reste
« pour nos fortifications, lequel proufflit estant sy petit ne
« vault la hayne du peuple qui en proviendra.

« Les grands deniers qui proviendront de cet impost qui se
« lève par touttes les autres villes de la France, lesquels de-
« niers sont plus que suffisans pour secourir la nécessité de
« sa majesté.

« Le malheur qui arrive au Roy de la levée des impôts. »

Le 21 mars, Gouger, Louvencourt et Coureur reviennent
de la cour; ils disent qu'après avoir esté oy par sa majesté
plusieurs fois et MM. de son conseil ils ont bien amplement
faict entendre leurs remonstrances.

Enfin, sa majesté et MM. de son conseil ont résolu que les impos se leveroient en ceste ville sur le vin, draps, cuirs et grosses chairs, que néanmoins eulx depputés n'ont rien voulu consentir n'y accorder et ont esté renvoyés en ceste ville pour faire entendre la résolution de sa majesté, laquelle est fort irritée pour les persistances des dits depputés en leurs remonstrances et a dict que quand *il devroit encores perdre une foys Amyens il veult estre obey.*

Par suite de cette communication, il est fait assemblée des principaux habitants le surlendemain.

On décide que « l'on enverrera vers le Roy lui offrir de payer 10, 12 ou 15 mille escus, lesquels on recouvrera de manière à ne pas fouller le poeuple. »

(L'impôt devait d'abord se lever sur 40 sortes de marchandises, il fut réduit ensuite à 12, puis à 7, enfin on ne devait percevoir que 4 écus sur chaque tonneau de vin, puis 3 écus.)

Le 15 avril, demande est faite par les députés pour obtenir une part des impôts afin de réparer les fortifications de la ville.

En fin de compte, les mêmes députés font savoir, le 27 avril, à l'échevinage que le Roy accorde le tiers des trois escus sur chaque tonneau pour employer aux fortifications.

Le même jour, on arrête que les suspects qui demeurent du costé de la porte de Montrescu devront demeurer plus avant dans la ville.

Le 29 avril, le Roy, par sa lettre, s'étonne qu'on ait permis à certaines personnes qu'il avait mis à la porte de la ville de rentrer malgré l'injonction précise qui leur en avait été faite.

En conséquence, Anthoine de Berny, François Castelet, François Gauguier (1), le sieur Vetus et Jehan Sagnier devront sortir de la ville.

(1) François Gauguier, sieur de Campreux, avait été maïeur d'Amiens en 1573 et en 1577, ainsi que le dit le chanoine de La Morlière, dans les *Antiquitez de la*

1598. — 16 mai. — Le comte de Saint-Pol est nommé gouverneur de Picardie.

10 juillet. — Doullens est sur le point d'être assiégé.

M. de Ronsoy, gouverneur de cette ville, demande des munitions, on lui envoie 2,000 de poudre, 1,000 picques de guerre, 1,000 pelles, 500 picqs, 500 hottes, 50 louchets, 300 mandes.

13 juillet. — Il est faict commandement aux habitants de la ville d'Amiens subjects à la garde des portes d'avoir chacun en leur maison arme, pouldre, mesche et balles suffisamment et à chacun une pelle, picqs, hoiaulx, hotte, mande et saqs, affin de s'en servir à remuer la terre avenant ung siége de la dite ville ou pour les occasions qui pourroient survenir.

19 juillet. — Plusieurs habitants, poussés par le zèle de servir la patrie et pour apporter quelque remède afin d'éviter le siége de Doullens qui est déjà investi par l'ennemi, se sont cotisés volontairement et ont offert de payer des hommes de pied pour se joindre à l'armée du comte de Saint-Pol.

Il est ordonné que l'on n'en fera rien, attendu que la ville ne peut faire de levée de gens de guerre sans la permission du Roi.

ville d'Amiens, livre III, p. 366, troisième édition. Le Campreux était un fief mouvant de la seigneurie de Thoix. Ce fief appartenait à François Gauguier, du chef de sa mère, Marie Rohault. François Gauguier laissa pour héritière une fille nommée Françoise qui épousa Michel Randon, dont il a été parlé dans une note précédente. François joua un rôle important lors de l'arrestation des dames de Longueville et contribua à calmer le peuple d'Amiens, qui insulta grossièrement et lâchement ces princesses inoffensives. Exilé par Henri IV, il rentra peu après dans Amiens. Ses armoiries étaient d'or, au noyer ou *gauguier de sinople*. Ces armes sont parlantes, puisque, dans la langue picarde, le mot *gauguier* est synonyme du mot *noyer*. François Gauguier était propriétaire de la belle maison-renaissance, dite du *Sagittaire*, qui existe encore rue des Vergeaux et qui fait l'admiration des artistes.

(Note de M. M.-A.-Gabriel Rembault.)

Cependant l'exemple du dévouement de ces hommes de cœur a faict réfléchir les magistrats, et le 22 juillet, dans une assemblée générale, il est décidé qu'on enverra au secours du comte de Saint-Pol ; ceux qui ne voudront se cotiser raisonnablement seront taxés suivant leurs facultés. Les femmes veuves aisées seront aussi taxées suivant leurs facultés.

Ceux qui s'enrôleront toucheront pour un mois :

Les arquebusiers 4 escus, les lanciers et picquiers 5 escus.

80 soldats sont ramenés à Amiens après avoir été blessés à Doullens.

Dans le courant d'août une conspiration est découverte contre la ville d'Amiens, un grand nombre de personnes sont arrêtées et condamnées.

M. Vincent Le Roy, lieutenant-général au bailliage, s'est employé gratuitement plusieurs jours et plusieurs nuits pour instruire le procès ; et le 18 septembre, il lui est offert, comme reconnaissance publique, une coupe d'argent de la valeur de 15 escus, avec les armes de la ville empreintes sur cette coupe.

Octobre. — Le Roy a permis à ceux qu'il avait expulsé de la ville de rentrer, ils ne pourront exercer de charges publiques pendant 4 ans.

Il passe à Amiens pour se rendre au siège de La Fère.

Echevinage tenu à Amiens le jeudi 12e jour de octobre 1595, présents Antoine Gougier maïeur, Nicolas Piat, Robert de Sachy, Jehan Tonnelier Me Florent de Louvencourt Jehan de Villers Me Jehan d'Aynval, Me Claude Déherté et Baptiste Roche eschevins, Charles Delessau greffier.

Le greffier expose que suivant le commandement de MM. il seroit parti de la ville de Paris en poste jusques à Lyon pour y trouver le Roy et luy faire entendre les nécessités de

la province de Picardie, ou estant Sa Majesté luy aurait
donné audience par deux fois a chacune desquelles il a faict
les remonstrances à Sa Majesté contenues au mémoire et a
l'instruction qui lui avaient esté envoié et dict quil ny avoit
qu'un seul remède de sauver sa province qui estoit dy aller
en personne à chacune desquelles fois, Sa Majesté lui a promis que dans briefs jours il seroit en ceste ville et que quant il
auroit expédié les affaires du Lionnois il ny retourneroit
peut estre de sa vie et que continuellement il seroit en la
province de Picardie pour y apporter le remède et soulage-
ment de son pauvre poeuple parce que de faict et d'affection
il étoit Picard.

Le Roi est à Amiens le 16 avril 1596.

1596. — 24 avril. — Firmin Maressal procureur en la
court spirituelle accusé d'avoir tenu plusieurs propos contre
le service du Roy, a ce joint la commune renommée du dit
Maressal, il sera mis hors la ville avec sa famille.

La peste est à Amiens et le 1er août MM. ont advisé que
pour appaiser lire de Dieu justement irrité contre nous ils
supplieront monseigneur levesque dordonner au poeuple de
faire quelque devotion extraordinaire.

Le 20 août à cause de la peste la garde de la ville est fort
négligée. M. de Saint Luc lieutenant général de Picardie pro-
pose de faire venir une compagnie des garde du Roy pour
garder le dehors de la porte de Montresceu.

7 septembre. — Le siège est encore devant Doullens.

29 octobre. — En parlant au dit eschevinage de lemmynent
péril ou est la ville d'Amyens en laquelle il reste bien peu
dhabitants sains quy ne sont suffizans de garder la ville et
qu'il seroit a propos davoir quelques soldats pour poser en
garde du coste de la porte de Montresceu, a esté ordonne que

pour en adviser il sera faict assemblée des principaux habitants de la dite ville au plustot que faire se porra.

1er novembre. — Assemblée générale.

Le maïeur demande à cause de la contagion et du grand nombre d'absents sil ne serait pas nécessaire de prendre en ceste ville jusques a 200 hommes de guerre de la nation Suisse pour estre posez en garde du coste de la porte de Montrescu.

Il est décidé que on ne prendra aucunes gens de guerre et que les habitants feront le service, qu'au lieu de ceulx qui ne se trouveront a la garde il sera commis un soldat suffisamment armé de bonne arquebuze mesche et pouldre et dun corselet complet avec la picque, auquel sera donne 10 sols par jour et 6 sols pour la nuict.

4 novembre. — Augustin de Louvencourt en cour à Compiègne écrit à MM. que le Roi doit faire mettre 100 chevaux à Corbie et 100 a Picquigny pour battre la campagne toutes les nuits et que MM. de Sancy, d'Incarville Lagrange, Le Roy et Hotmann sont d'avis que lon mette 300 suisses dans la ville d'Amiens.

On lui repond d'accepter pour Corbie et Picquigny et que quant aux hommes à mettre dans Amiens on contraindra les habitants a se garder en personne que néanmoins sil peut obtenir que ces 300 hommes fussent bien payés et soudoyés par le Roy, MM. sont dadvis de les faire loger es abbayes de Saint Jehan et de Saint Acheul pour entrer en garde chacun a leur tour en ceste ville.

11 novembre. — Il sera mis 4 sentinelles perdues hors la porte de Montrescu chaque nuit et de plus 4 hommes armés dans le ravelin de Montrescu.

Un tambour des ennemis arrêté a fait connaître qu'un caporal Wallon s'est vanté de mettre facilement le feu au magasin étant à la porte Montrescu, et un paysan venant de

Doullens a dit que l'on prépare des basteaux à Hesdin pour surprendre Pont-Remy.

15 novembre. — 2 sentinelles sont ajoutées aux 4 du 11 novembre.

1597. — 7 janvier. — M. le maïeur a dict que ce jourd'huy ung habitant de ceste ville nomme Lequien qui est nouvellement retourné de Rouen luy a dict que sire Augustin de Louvencourt ancien maïeur de la dite ville luy a donné charge de dire à MM. que monseigneur de Saint-Luc (1) gouverneur et

(1) François d'Espinay, sieur de St-Luc, grand maître de l'artillerie de France, avait épousé Jeanne de Cossé, fille de Charles de Cossé, maréchal de Brissac. Étant au siège d'Amiens, le 3 septembre 1597, il fut tué dans les tranchées et Henri IV dit qu'il avait ce jour là « perdu un très-vaillant, très-fidel serviteur, « et tout le camp déplora cette perte commune à toute la France, comme d'un « des plus braves capitaines de son siècle, et des plus signalés gentilshommes du « royaume. » Ces documents se trouvent au-dessous d'un portrait du brave Saint-Luc, que nous possédons et qui a été gravé à la fin du XVIe siècle ou au commencement du XVIIe. Armes : *D'argent, au chevron d'azur, chargé de onze besants d'or.*

(Note de M. M.-A.-Gabriel Rembault.)

P. S. En ajoutant quelques notes aux recherches de M. A. Dubois, nous avons voulu l'encourager dans ses études historiques. Nous savons que ce travailleur a rencontré peu de sympathie dans le monde des savants officiels d'Amiens ; c'est une raison pour que notre concours, tout faible qu'il est, ne lui fasse pas défaut. Nous aimons ceux de nos compatriotes qui, à force d'étudier, ont pu sortir de la modeste position où le sort les a fait naître. A ceux-là nos encouragements ne failliront jamais, car nous aimons à voir la science et les connaissances pénétrer au milieu du peuple. Que M. A. Dubois reçoive donc ici nos félicitations bien sincères, elles émanent d'un écrivain indépendant et qui a toujours été l'esclave de la vérité. Qu'il continue ses intéressantes recherches, et la postérité savante lui saura gré, plus tard, d'avoir mis au jour une foule de documents inédits sur l'histoire d'Amiens.

M.-A.-Gabriel Rembault.

Amiens, 24 novembre 1867.

lieutenant général pour le Roy en ceste province luy a dict que le roy feroit mettre des suisses et des chevaux légers dans les faulx bourgs de Hautoye, Beauvais et Noion de ceste ville et que MM. le consentent, a ceste cause il a faict assembler la compagnie pour en adviser. Par advis de laquelle a esté ordonné que promptement il sera escrit a Sa Majesté et à messeigneur les comtes de Saint-Pol et de Saint-Luc pour les supplier tres humblement avoir esgard aux privilèges franchises et libertez de ceste ville et ne faire mettre aucun gens de guerre dans la banlieue dicelle.

16 janvier. — La peste cesse à Amiens.

M. de Louvencourt écrit à MM. pour leur faire connaître que le sieur Descures a donne advis à MM. du conseil du Roy que ceulx de la ville d'Amiens ne vouloient refuzer les belles offres que le roy d'Espaigne leur présentoit et que cestoit trop tardé.

Le procureur fiscal est envoyé vers Descures.

Le 18 Nicolas Lescellier procureur fiscal rend compte de son voyage et dit que le sieur Descures lui a désigné 12 capitaines venant d'Amiens qui ont entendu ce propos et d'autres encore du même peuple.

M. le maïeur assisté de Michel de Suyn prevot, Florent de Louvencourt, le procureur fiscal et le greffier de la ville se rendra vers le Roy pour luy faire connaître la fidélité des habitants d'Amiens.

6 février. — De retour de son voyage M. le maïeur fait savoir qu'ils se sont présentés au Roi auquel ils ont humblement remontré la fidélité et loyaulté des habitants de ceste ville en son endroit que néantmoins le dit sieur Descurre avoit donné advis a Sa Majesté que ceulx de ceste ville traictoient avecq le roy d'Espaigne, a raison de quoy ils auroient esté envoiez par le corps de ville pour s'offrir à demander la pugnition que méritent des trahistres et perfides sy tant

soit peu ils sont coupables de telles calompnies et auroient tres humblement supplié Sa Majesté de ne rien croire de ceste calompnie et faire des calompniateurs ce quil luy plairoit et au surplus quil luy plaist tenir les habitans de sa ville d'Amiens pour ses bons et loyaulx subjects, a quoy Sa Majesté avoit faict response quil navoit jamais rien cru du dit advis pour l'assurance quil a toujours eu de l'affection que le peuple de ceste ville a en son endroict, mais que cet advis avoit esté donne par le dit Descures plustot pour se décharger de larmée que pour aultre subject.

Le Roy a ajouté que de sa part il aymera toujours la dite ville sur toutes aultres de son royaulme comme il l'avoit faict paraistre et que de bref il les deschargera de l'oppression ou elle est à cause de la guerre.

Et cependant malgré toutes ces belles protestations de dévouement la ville d'Amiens *fut livrée aux Espagnols le 11 mars 1597.*

La prise d'Amiens en venant détruire l'édifice politique et financier établi avec tant de zèle par les maïeurs des années précédentes a été une époque vraiment désastreuse pour la noblesse résidant en cette ville et restée fidèle au roi. Non-seulement une partie de ceux qui portaient les armes furent tués en défendant le sol natal, entr'autres Simon Le Mattre ainsi que la preuve authentique existe dans l'ordonnance du roi Henri IV du 6 novembre 1597 où il est dit qu'il fut tué les armes à la main le jour de la surprise de la dite ville se mettant en devoir de repousser nos ennemis, le roi accorde par cet acte l'office de conseiller dont était pourvu Le Mattre à son neveu et héritier Me Adrien de Heu sans pour ce payer aucunes finances. Mais ceux qui restèrent, ainsi que les veuves se virent obligés de recourir à des emprunts, à hypothéquer ou vendre leurs biens pour subvenir à leurs plus pressants besoins.

Henri Pingré trésorier général de France en Picardie greve ses propriétés pour 1058 escus qu'il devait.

Le sieur de Senarpont pour 641 escus.

La maison de l'abreuvoir fut saisie sur les héritiers Anthoine Heu sergent royal pour 133 escus 40 sols.

Lhostel de François de Forestier, sieur de Frettemeulle eut le même sort pour 43 escus de rente dus à Philippe le Buteux.

Une maison rue Beauregard (rue des 3 Cailloux) appartenant à Françoise de Soyecourt, femme de Thibault de Mailly seigneur du dit lieu fut mise en la main du Roy pour 4,926 escus dus à un sieur Vacquette fils.

La bourgeoisie commerçante quoique rançonnée par les impôts et les tailles n'avait guère supporté, à beaucoup près, les charges de ban et d'arrière-ban qui pesaient sur la noblesse ; le commerce, quoique ralenti dans ces moments d'agitation, lui procurait encore des bénéfices, son avoir ne fut pas compromis ; au contraire, certains marchands purent, en prêtant aux nobles qui se ruinaient, augmenter leur fortune, acheter des propriétés, prendre des fiefs en paiement et arriver par degrés à former la noblesse commerçante qui est venue jusqu'à nous.

L'administration communale, de son côté, ne fut pas exempte de pertes ; les finances qui se trouvaient dans un état déplorable non-seulement par les grandes dépenses qu'elle avait dû faire pour soutenir son état de ville libre, et pendant la Ligue et au moment de la défense de la cité, l'administration municipale, disons-nous, eut été pressurée d'une autre manière si son attention n'avait pas été éveillée sur les comptes rendus par un sieur Boitel qui était chargé de la caisse municipale au moment de la prise d'Amiens.

Ce compteur infidèle se sert d'une ruse inqualifiable pour

obtenir de la ville le remboursement d'une somme relativement importante qu'il n'avait point perdue.

Je prends le texte même de l'échevinage dans lequel Boitel rend ses comptes :

« Remonstre le compteur que durant la commission et
« charges a luy baillie par vous, MM., il seroit arrivé la
« prinse de la ville, le 11e de mars 1597, a laquelle les enne-
« mis supposant à cause de la dite recette que le dict Boitel
« doust avoir de grands deniers en ses mains l'auroient si
« griefment tourmente et ravage quy ne luy seroit plus rien
« reste de tous ses biens et a ceste occasion fut mené devant
« le marquis de Montenaigre quy estoit lun des comman-
« deurs pour lors en ceste ville a l'instigation daucuns mal
« veullans au service du Roy. Où estant le dit remonstrant,
« le dict marquis luy auroit faict souffrir de grands tour-
« ments pour luy faire confesser ou estoient les deniers de
« la dite ville ce que ne voulant faire lauroient tenu pri-
« sonnier durant deux jours dans une cave pendant lesquels
« le dit marquis envoya ses soldats pour achever de piller ce
« quy pouvoit estre de reste en la maison dudit compteur ou
« estant iceux soldats aiant intimidé sa chambrière elle
« avoit confessé ou estoient les dicts deniers tant ceux quil
« pouvoit avoir a la dite ville appartenant, que les siens
« propres et elle mesmo se seroit descendue dans ung privé
« ou le dict argent avoit este jete dans un sac ou ble et au-
« roient monte a mont jusque a la somme de unze cents escus
« argent monnoye qui celluy compteur auroit perdu avec tous
« ses autres biens. Et outtre ce, le dict marquis estant indigne
« de ce que le dict compteur nauroit rien voulu confesser
« en durant sa detemption auroit envoyé piller et ravager
« deux granges plaines de fagots en nombre de trente mil
« ou il auroit eu perte de la somme de 450 escus ou telle
« autre somme que de raison. »

La fable est assez bien arrangée et ne manque pas d'un

certain esprit d'invention ; malheureusement pour lui, les magistrats chargés d'apurer sa comptabilité, quelques années plus tard, alors que tout était rentré dans l'ordre et que l'on devait ménager les ressources de la ville, purent se convaincre de l'entière fausseté de cette déclaration.

Je prends toujours le texte et voici ce qui est écrit en marge de la déclaration de Boitel.

« Rayé sur la requeste du procureur du Roy attendu quil
« appert par le compte que ce receveur compteur navoit au-
« cun deniers entre ses mains de la recepte de la ville lors
« de la surprise dicelle et après que le dict compteur en est
« convenu. »

Henri IV infligea une punition exemplaire à ceux qui n'avaient pas su se gouverner, garder leur ville et conserver au roi une cité que des sacrifices immenses avaient mis à l'abri des invasions étrangères. Une garnison fut envoyée, il n'y eut plus de maïeur, mais seulement des échevins ; la plupart des droits et privilèges dont Amiens jouissait furent retirés ; réduite à sa plus simple expression, elle percevait à peine de quoi subvenir à ses plus pressants besoins.

Le roi demande, le 29 septembre 1597, 4,000 écus pour la réparation des brèches de la ville.

1598. — Le 9 avril. — Les sergents de nuit sont réduits à 12 de 24 qu'ils étaient et MM. les échevins devront se contenter d'une robe de drap noir garnie de velours et une toque de velours noir.

Le premier échevin (car il n'y a plus de maïeur) sera distingué par sa toque de velours *plain* et sa tasse aux armes de la ville.

Juin. — Le cardinal de Florence (de Médicis) légat du Pape passe à Amiens, il est logé à l'hôtel de Monceaux (maison de M. Morgan au Port.)

1599. — Il a bien fallu qu'une trahison quelconque ait eut lieu de la part du maïeur, car il n'eut point été l'objet de l'animadversion publique, comme on le voit encore deux ans plus tard :

Dans l'échevinage du 18 janvier 1599, le sieur de Louvencourt a dict que « plusieurs habitants le sont allé trouver « pour le prier de faire remonstrances a ce que M. Pierre de « Famechon qui estoit maïeur en l'année de la surprise est a « present en ceste ville quy poursuit son retablissement, a « ce que le dit de Famechon ne soit restabli parce que cest « ung renouvellement de doulleur de le voir. »

Sur quoy la compagnie a déllibere comme il senssuit :

Le lieutenant criminel de supplier le Roy de luy commander de résigner son estat.

Le sieur Hanicque de s'en remettre à ce que monseigneur le comte de Saint-Pol et M. de la Boissière en trouveront bon et s'ils en demandent advis, leur donner advis quil ayt a faire sa demeure hors ceste ville pour quelque temps.

Le sieur de Suyn, d'escrire au Roy affin quil ne soyt restabli en ceste ville.

Le sieur Desachy, le pryer de sabsenter de la ville pour quelque temps.

Les sieurs Dippre et Cordelois ne sont d'advis den parler ny faire instance sans commandement.

Comme aussi le *dit Louvencourt* à s'en remettre à la volonté de M. le gouverneur.

Attendu lesquels advis a este ordonne quil en sera parlé a M. le gouverneur. (1)

Je termine, par la copie d'un acte authentique que j'ai

(1) Voir aussi : Requête au Roi contre Pierre de Famechon, Daire, tome 1er page 557.

rencontré dans mes nombreuses recherches et qui concerne aussi un ancien maïeur, homme d'une probité reconnue et qui lui, ne voulait certainement pas la ruine de la cité qu'il avait administrée avec amour.

« Pardevant les nottaires et gardes nottes hereditaires
« établis par le Roy notre sire en la ville et bailliage d'Amiens
« soubs-signés sont comparus :

« Vénérable frère Jehan de Louvencourt prieur claustral
« de l'abbaie de Sainct-Martin-aux-Jumeaux de la ville
« d'Amiens et du prieuré de Notre Dame d'Especamps.

« Honorable homme Jehan Heu, bourgeois et capitaine
« de lune dés douze compagnies des habitants de la dicte
« ville.

« Maistre Anthoine Joly, advocat au dict bailliage d'A-
« miens.

« Mathieu Rohault, Lois de Lespinoy, Claude Boisleau,
« Jehan Candelot, Hubert Morel, Jehan Brigaudet, mar-
« chands demeurant en la dicte ville, savoir : le dict Lou-
« vencourt en la dite abbaie de Sainct-Martin-aux-Jumeaux,
« les dicts Heu, Lespinoy, Boisleau, Candelot et Morel, pa-
« roisse Saint-Jacques, le dict Rohault, paroisse Saint-
« Remy et le dict Brigaudet, paroisse Saint-Firmin-en-
« Chastillon de la dicte ville.

« Tous lesquels ont certifflé et affirmé, certiffient, attes-
« tent et affirment en leurs ames à nos seigneurs des comptes
« à Paris et à tous aultres quil appartiendra comme ils ont
« faict par serment par devant les dicts nottaires qu'ils ont
« eu bonne et parfaite congnoissance de à present deffunct
« Me François Castelet, vivant, ancien maïeur de la ville
« d'Amiens et paravant grenetier au grenier et magasin à
« sel de la dicte ville et que au commencement du mois
« d'octobre 1596, la maison du dict Castelet et sa famille fut
« grandement affligée de la maladie contagieuse en laquelle

« moururent plusieurs personnes, la femme du dict Castelet
« aiant esté lors grandement et longuement malade de la
« peste dans la dicte maison laquelle maladie continua en
« icelle maison et y dura lespace de trois mois et demy et
« jusques au mois de janvier de l'année 1597 par le moien
« de quoy plusieurs titres et acquits et pappiers auroient esté
« perdus bruslés et adhirés par les aireurs et airioires quy
« furent mis en la dicte maison (personnes chargées d'aerer
« et d'assainir les maisons.) Et que le unzième jour de mars
« ensuivant de la mesme année 1597 la dicte ville d'Amiens
« fut surprise par les Espagnols lors de laquelle surprise
« icelluy Castelet feit tous ses efforts de se mettre en def-
« fense avec ses voisins et de barricader le coing et carre-
« four de la rue des Watelets auquel estoit assise la maison
« du dict Castelet aiant mesme aidée a armer le dict Heu et
« mettre son corps de cuirasse, mais que ne pouvant resister
« et empescher leffort des gens de guerre le dict Castelet fut
« pris prisonnier detenu et mis a rancon hors sa maison la-
« quelle maison fut totallement pilliée et entièrement rava-
« gée tous les meubles pappiers or, argent et vaisselles em-
« portés les pappiers jettés au vent sur le pavé et dans la rue
« par les soldats la plus part desquels furent perdus et dis-
« sipés, aucun rompus et deschires par les soldats qui com-
« mirent de grands exceds et insolence en la dicte maison
« aians les dicts comparans veu battre et grandement exced-
« der la femme et les enfants dicelluy Castelet et en mettre
« et descendre lun diceulx au fond du puy et enfermer
« les autres separement et en divers lieux les menaçant
« de les faire mourir. En sorte que tout fut perdu en la dicte
« maison sauf quelques peu de meubles de bois quy furent
« rachetés et quelques pappiers quy furent ramassés par
« terre en divers endroicts de la dicte maison et sur
« le pavé la pluspart desquels pappiers furent exposés
« en vente par les soldats aux beurrières de la dicte
« ville ce que les dicts comparants scavent pour estre la plus

« part dentre eulx proches voisins de la maison du dict Cas-
« telet et les dicts Louvencourt, Joly, Rohault et De Lespi-
« noy, pour y avoir souvent hanté communicque et fre-
« quenté notamment pendant les cinq jours que la dicte
« ville d'Amiens a este au pillage des gens de guerre pen-
« dant les quels iceulx comparans ont veu rompre les huis
« portes et serrures des cabinets, aurmoires, coffres et buffets
« et commettre les exceds sus dicts, aucuns des quels compa-
« rans quy avoient mis quelques deniers et meubles en
« garde en la dicte maison veirent le tout piller et partager
« en leur presence comme aussy depuis la dicte surprise les
« dicts comparans ont entendu plusieurs fois le dict Castelet
« se plaindre de sa ruine pour la grande perte quil avoit eu
« et souffert lors de la dicte surprise, notamment quil avoit
« perdu la plus part de ses titres et pappiers à cause des-
« quelles pertes ils ont recongneu le dict feu Castelet depuis
« la dicte surprise jusques au jour de son deceds qui fut au
« mois de janvier de l'année 1606, reduict a tres grande
« pauvreté et necessité comme il est arrivé a plusieurs
« aultres habitants de la dite ville dont maistre Vincent
« Castelet fils et heritier du dict feu maistre François Cas-
« telet a requis le present acte pour luy servir ce que de
« raison a luy accordé par les dicts notaires, le 26e jour
« d'aoust 1624, après midy. »

Nous nous arretons ici après avoir parcouru plus de deux
siècles. Si nos loisirs nous permettent un jour de continuer
nos recherches, nous offrirons à nos concitoyens les faits
intéressants, pour la ville d'Amiens, qui se sont passés à
partir du XVIIe siècle.

AMIENS, TYP. LAMBERT-CARON.

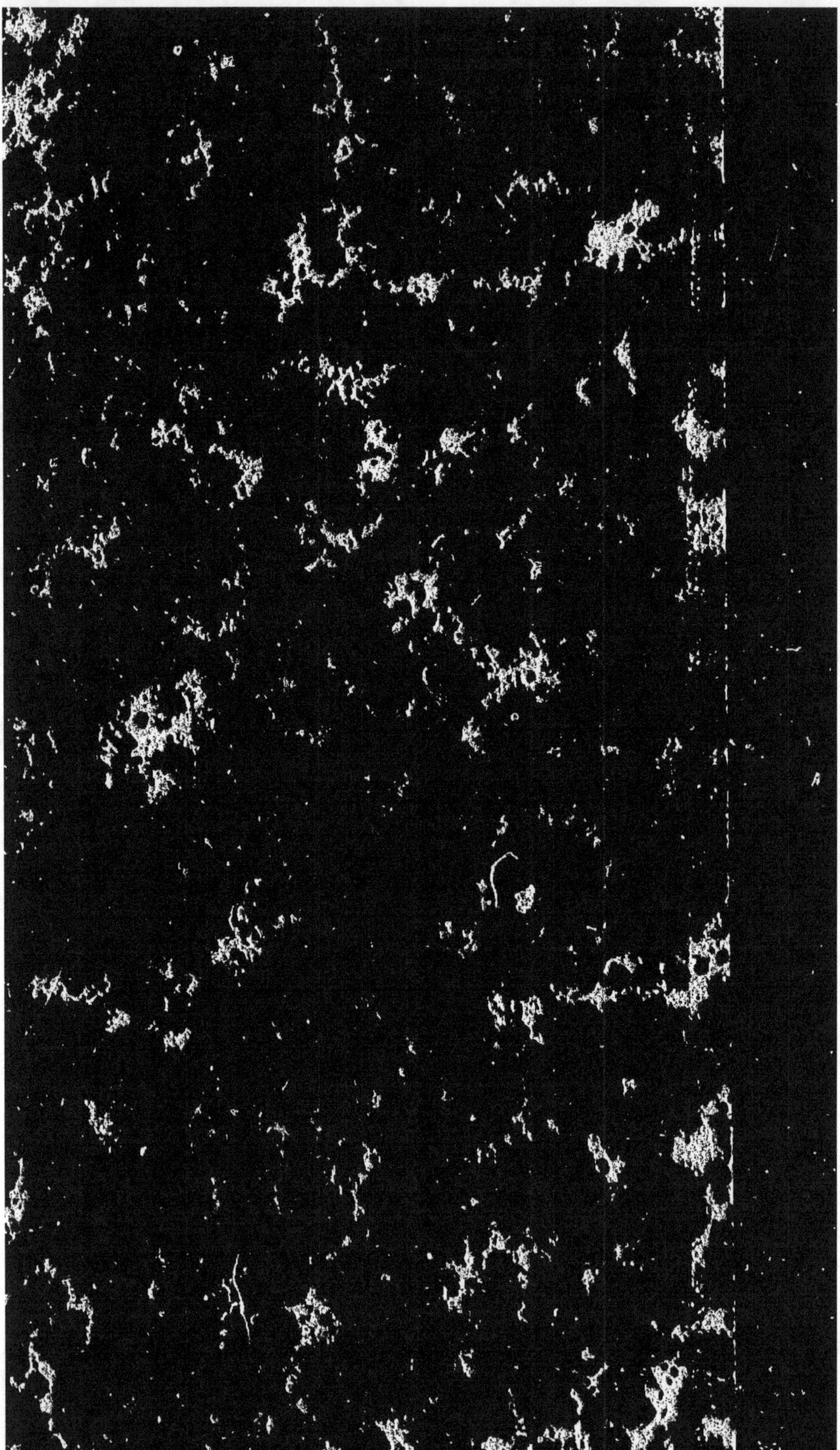

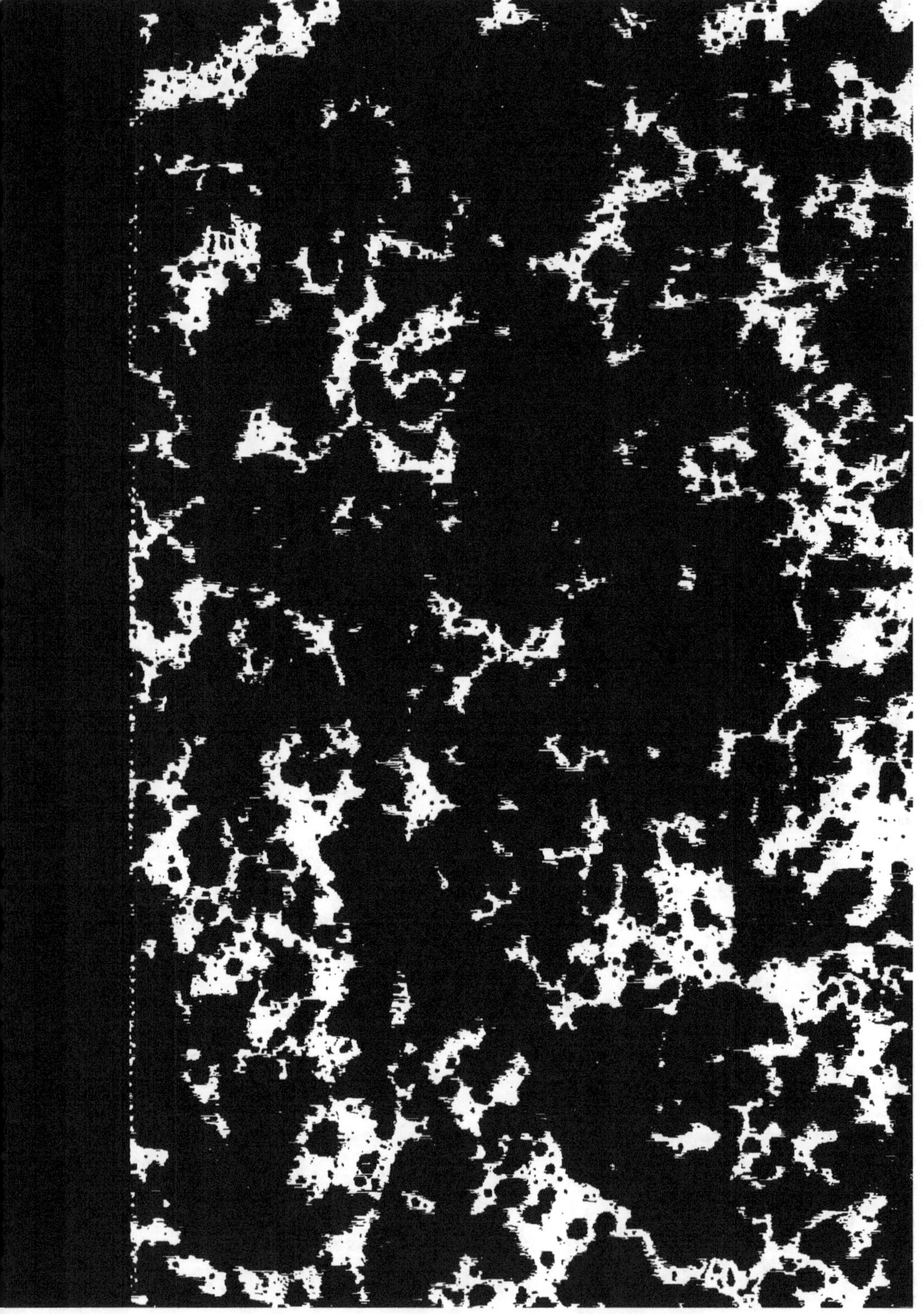